Schule direkt

Die Praxisreihe für Selbst-Management
Organisationsentwicklung und Unterricht

Band 6

Udo W. Kliebisch / Karl Heinz Basten

Coach Yourself!

Konflikt- und Zeit-Management für Lehrerinnen und Lehrer

Schneider Verlag Hohengehren GmbH

Umschlaggestaltung:
Wolfgang H. Ariwald, BDG, 59519 Möhnesee

Gedruckt auf umweltfreundlichem Papier (chlor- und säurefrei hergestellt).

Die Deutsche Bibliothek – CIP-Einheitsaufnahme

Kliebisch, Udo:
Coach yourself! : Konflikt- und Zeit-Management für Lehrerinnen und Lehrer / Udo W. Kliebisch / Karl Heinz Basten.
Baltmannsweiler : Schneider-Verl. Hohengehren, 1999
(Schule direkt ; Bd. 6)
ISBN 3-89676-116-1

Printed in Germany – Druck: Wilhelm Jungmann Göppingen

„Nimm dir Zeit, um zu arbeiten;
es ist der Preis des Erfolges.
Nimm die Zeit, um nachzudenken;
es ist die Quelle der Kraft.
Nimm dir Zeit um zu spielen;
es ist das Geheimnis der Jugend.
Nimm dir Zeit, um zu lesen;
es ist die Grundlage des Wissens.
Nimm dir Zeit, um freundlich zu sein;
es ist das Tor zum Glücklichsein.
Nimm dir Zeit, um zu träumen;
es ist der Weg zu den Sternen.
Nimm dir Zeit, um zu lieben;
es ist die wahre Lebensfreude.
Nimm dir Zeit, um froh zu sein;
es ist die Musik der Seele.“

(Aus einer alten irischen Quelle; zit. n. Feyler 1982, 294)

Inhaltsverzeichnis

1. Konflikte und Zeitprobleme

„Es ist nicht wenig Zeit,
was wir haben,
sondern es ist viel,
was wir nicht nutzen.“

(Seneca)

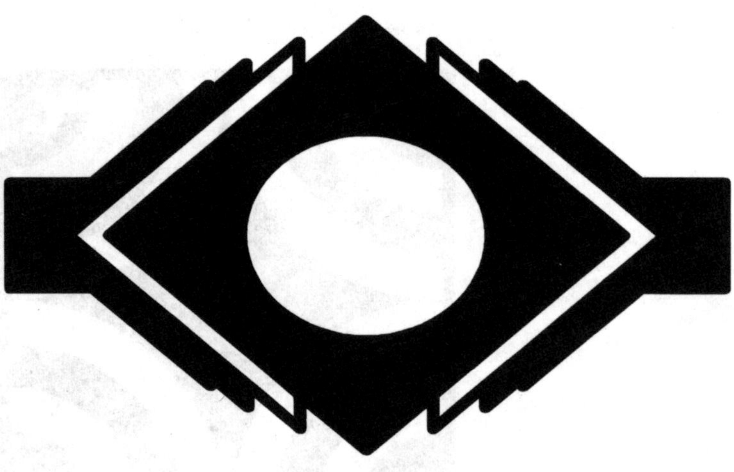

Das kennen Sie doch auch:

Kollege Sorglos hat an diesem Tag gerade seine vierte Unterrichtsstunde hinter sich gebracht; er kommt aus der 7 A, einer Klasse, die in der Regel recht interessiert mitarbeitet, doch heute ist Kollege Sorglos wirklich genervt. Nur mit Mühe hat er das Pensum geschafft und ist doch nicht ganz glücklich damit. Er freut sich auf die nächsten fünfzehn Minuten: endlich Pause. Doch dann fällt es ihm siedend heiß ein: Die Pause hatte er sich schon reserviert, um noch etwas Wichtiges im Sekretariat zu erledigen und um die Kopien für die Klassenarbeit in der 8 D zu kopieren, die er morgen in der ersten Stunde braucht.

Zuerst also ins Sekretariat, das kostet fünf Minuten, dann steuert er zielstrebig auf den Fotokopierer zu; doch es ist wie immer: Kollegin Sorgfalt hat ihre Materialien am Kopierer ausgebreitet und gibt ihm zu verstehen, dass es noch einige Zeit dauern werde, bis sie fertig sei. Während Kollege Sorglos wartet, kommt Kollege Hektik nicht gerade strahlend auf ihn zu und sagt: „Ich muss Sie unbedingt sprechen. Ich hatte gerade Aufsicht beim Kiosk; dabei ist mir die Claudia aus Ihrer Klasse aufgefallen, wie die sich vordrängelte und dabei andere Schüler mit ihrem Verhalten provozierte. Ich musste da eingreifen; so geht das wirklich nicht. Sie müssen mal mit der Claudia reden." Kollege Sorglos weiß nicht so recht, wie er darauf jetzt reagieren soll, aber da steht auch schon Stefan vor ihm: „Ich muss Sie mal sprechen; ich hab' da ein Problem." Kollege Sorglos überlegt, was er tun soll, während ihm Kollegin Sorgfalt mitteilt, dass sie mit dem Kopieren fertig sei. „Was ist los, Stefan?" „Ja, ..." und Kollege Sorglos hört das Klingelzeichen zur nächsten Stunde. Für das Kopieren ist es jetzt zu spät. Herr Sorglos geht ins Sekretariat.

Und da stürzt zu allem Überfluss auch noch die Sekretärin auf Sorglos zu: „Herr Sorglos, da ist ein Anruf für Sie im Sekretariat. Frau Müller, die Mutter der verunglückten Schülerin aus Ihrer Klasse möchte Sie dringend sprechen."

Was ist hier passiert?

Kollege Sorglos hat eine Pausensituation erlebt, wie sie oft vorkommt: eigentlich möchte der Lehrer ja die Pause als Pause nutzen, doch in Wahrheit sieht es ganz anders aus. Einerseits muss Kollege Sorglos selbst noch Dinge erledigen, die halt nur in der Pause zu erledigen sind, andererseits wird er dabei unentwegt von anderen Ereignissen gestört. Wie sieht die Aktions-Bilanz für Herrn Sorglos aus, wenn man einmal gegenüberstellt, was er vor hat und was er davon tatsächlich schafft (s. Abb. 1).

Aktions-Bilanz	
Geplant / Angefangen	**Erreicht / Erledigt**
Mitteilung an das Sekretariat	Ja, das hat fünf Minuten gekostet.
Kopien für die Klassenarbeit	Nein, die Pause ist zu Ende.
Mit Herrn Hektik über Claudia reden	Na ja, mehr schlecht als recht.
Problem-Gespräch mit Stefan	Angefangen, aber nichts verstanden.
Telefon-Gespräch mit Frau Müller	Ja, aber zu kurz.

Abbildung 1: Aktions-Bilanz

Die Aktions-Bilanz allein spiegelt aber längst nicht alles wider, was mit Herrn Sorglos in der 15-Minuten-Pause geschieht. Neben den Aktivitäten, die Kollege Sorglos nicht erledigen kann, belasten ihn auch negative Stimmungen und Gefühle, die sich aus den Begegnungen mit den anderen Kollegen, seinem Schüler Stefan und dem Telefonat mit Frau Müller ergeben. Und das sieht dann so aus (s. Abb. 2):

Energie-Bilanz
Fehlende Entlastung in der Pause *Das Sekretariat ruft; der Kopierer wartet.*
Ärger über Kollegin Sorgfalt *Langsamer kann man nicht kopieren!*
Verwunderung über Kollegen Hektik *Die Sache ist doch schon erledigt!*
Mitleid mit Stefan *Dem muss man wirklich helfen!*
Unzufriedenheit mit dem Telefonat mit Frau Müller *Die kann doch auch zu einer günstigeren Zeit anrufen!*
Hektik in der nächsten Unterrichtsstunde *Die Schüler warten schon!*

Abbildung 2: Energie-Bilanz

Diese negative Energie-Bilanz ist aber nur ein vordergründiges Bild dessen, was die eigentlichen Probleme ausmacht, die sich Herrn Sorglos in der 15-Minuten-Pause macht: Er erlebt die Ereignisse in der Pause unter zwei Aspekten als belastend, die in der konkreten Situation gleichzeitig auftreten und sich wechselseitig verstärken (s. Abb. 3).

Abbildung 3: Beziehung von Konflikt- und Zeit-Problemen

- **Es entstehen Konflikte mit verschiedenen Personen.**

  Sorglos verhält sich gegenüber seinem Kollegen Hektik, gegenüber der Kollegin Sorgfalt, gegenüber Stefan und Frau Müller so, wie er es von sich selbst nicht erwartet. Normalerweise würde er sich den Problemen zuwenden, die von den betreffenden Personen an ihn herangetragen werden, doch dies schafft er nicht. So produziert er latente Konflikte, die vielleicht später die Beziehung zu den Kollegen oder dem Schüler beeinträchtigen können. Ein verbessertes Konflikt-Management würde Herrn Sorglos helfen, gelassener auf die Ereignisse zu reagieren und auch unter Zeitdruck zielorientiert zu handeln.

❖ **Es entsteht ein Zeit-Mangel.**

Kollege Sorglos hat nicht genügend Zeit, um alle in der Pause anfallenden bzw. auf ihn einströmenden Ereignisse angemessen zu bewältigen. Dies empfindet er als eine Überforderung, mit der er nicht umgehen kann. Er ist gestresst, zumal wenn er bedenkt, dass manches Unerledigte wie etwa das Telefonat mit Frau Müller ihn noch weiter beschäftigen muss. Mit einem besseren Zeit-Management könnte Herr Sorglos leichter mit der Situation umgehen.

Wie genau könnte Herrn Sorglos ein verbessertes Zeit- und Konflikt-Management helfen?

Auf der Ebene der Selbst- und Fremd-Wahrnehmung könnte er

- ❑ sich leichter von der belastenden Situation distanzieren und sie verarbeiten.
- ❑ lernen, Konflikte auch positiv zu erleben.
- ❑ wahrnehmen, dass Situationen von verschiedenen Menschen unterschiedlich erlebt und bewertet werden.

Auf der Ebene der Fähigkeiten und des Verhaltens könnte er

- ❑ lernen, aktiv zu werden statt zu re-agieren.
- ❑ lernen, Konflikte strategisch zu lösen.
- ❑ lernen, vorhandene Zeit nach bestimmten Kriterien einzuteilen.
- ❑ sich systematisch mit der Situation auseinander setzen.
- ❑ zwischen wichtigen und unwichtigen Anliegen anderer unterscheiden.
- ❑ sich vornehmen, Dialoge partnerschaftlich zu führen.
- ❑ lernen, sich abzugrenzen und nein zu sagen, ohne sich dabei schlecht zu fühlen.

Auf der Ebene der Überzeugungen könnte er

- sicher sein, Fähigkeiten und Verhaltensweisen im Umgang mit Zeit-Problemen und Konflikten zu besitzen.
- sicher sein, einen Beitrag zur Verbesserung der Schulatmosphäre und des Umgangs miteinander zu leisten.
- sicher sein, Auseinandersetzungen mit sich selbst und mit anderen ohne Kränkung zu überstehen.
- sicher sein, mit den neuen Strategien seine Gesundheit positiv zu beeinflussen und zu stärken.
- sicher sein, durch optimiertes eigenes Verhalten Vorbild für andere zu sein.

Das vorliegende Buch *„Coach Yourself!“* bietet Ihnen unter Einbezug von Techniken aus dem Neurolinguistischen Programmieren (NLP) effektive Strategien zur Optimierung Ihres persönlichen Zeit- und Konflikt-Managements. Sie werden sich nicht länger als Opfer widriger sozialer Umstände erleben, sondern durch die Fähigkeit zur Selbstreflexion und Empathie zum aktiven Partner. Durch einen verbesserten Umgang mit Zeit-Problemen und Konflikten werden Sie Ihre Arbeit in der Schule und Ihre private Situation aggressionsfrei gestalten und sich entspannter fühlen. Darüber hinaus werden Sie Ihre Ziele leichter erreichen, schneller zu kompromiss- und konsensfähigen Verträgen mit anderen kommen und allgemein Ihre kommunikative und soziale Kompetenz erweitern.

„Coach Yourself!“ ist ein praktisches Handbuch. Es fordert Sie zur Veränderung auf; es zeigt konkrete Wege aus belastenden Situationen, indem es nicht nur Ihr einschränkendes Verhalten betrachtet, sondern stets auch Ihre dahinter liegenden Bedürfnisse, Interessen und Wertvorstellungen berücksichtigt.

Durch das Konflikt-Training können Sie lernen,

- sich entspannter, gelassener und verständnisvoll auf gegensätzliche Vorstellungen der Wirklichkeit einzulassen.
- was ein Konflikt ist und was ihn von einer bloßen Auseinandersetzung oder Meinungsverschiedenheit unterscheidet.
- welche „Inhalte“ Konflikte haben.

- Scheinlösungen von echten Konflikt-Lösungen zu unterscheiden.
- eigenständige Lösungswege zur Klärung von Konflikten zu finden und in die Praxis umzusetzen.

Durch das Zeit-Training können Sie lernen,

- welche Ursachen Zeit-Probleme haben.
- was Ihre persönlichen Ziele mit Ihren Zeit-Problemen zu tun haben.
- Ihre persönlichen Zeit-Ressourcen besser einzuteilen.
- sich von überflüssigen beruflichen und privaten Ansprüchen zu befreien.
- kreativ Wege zur Gestaltung Ihrer Zeit zu finden und in die Praxis umzusetzen.

„Coach Yourself!" schafft so eine Veränderung des persönlichen Erlebens von Zeit- und Konflikt-Problemen. Diese Veränderung wird nicht nur Sie verändern, sondern wird positiv auf Ihre Umgebung ausstrahlen. Eine solche Veränderung ist nicht ohne Übung möglich; *„Coach Yourself!"* enthält Bögen zur Selbst-Analyse und bietet zahlreiche Übungen, das Gelernte sofort in die Praxis umzusetzen. Fangen Sie heute damit an, sich von Ihren alten Überzeugungen zu trennen, und lernen Sie, nach und nach souveräner mit Zeit-Problemen und Konflikten umzugehen.

2. Konflikt-Management

„Aus der eigenen Erfahrung wird wohl jeder bestätigen können, daß Konflikte meistens als Störungen erlebt werden, die den gewohnten Gang der Dinge beeinträchtigen oder völlig unterbrechen. Sie sind häufig mit viel Ärger verbunden und absorbieren die eigene Arbeitskraft, die man viel lieber für andere Tätigkeiten verwendet hätte. Es ist daher verständlich, daß man am liebsten ganz konfliktfrei leben und derartige Störungen der interpersonalen Beziehungen als Ausnahmen betrachten möchte oder sie zu verdrängen versucht.“

(Neubauer 1988a, 4)

2.1. Fragebogen zur Konflikt-Fähigkeit

Im Kapitel 2 „Konflikt-Management" werden Sie verschiedene Konfliktarten kennen lernen, sie werden verstehen, wie Konflikte ablaufen und welche Lösungsmöglichkeiten es gibt. Zu Beginn sollten Sie sich aber erst einmal Gedanken machen über Ihre Einstellung zu Konflikten und Ihre Fähigkeiten in Konfliktsituationen. Dazu dienen die folgenden 30 Fragen.

Beantworten Sie die Fragen nach folgendem *Beispiel*:

Ich kann Konflikte gut lösen.

stimmt nicht *stimmt zum Teil* *stimmt genau*

-5	-4	-3	-2	-1	0	+1	+2	+3	+4	+5
							X			

Die Antwort „+2" bedeutet: Ja, ich kann Konflikte meist gut lösen.

Am Ende des Abschnitts können Sie dann mit einem Auswertungsbogen ermitteln, wie gut Ihre *Konfliktfähigkeit* entwickelt ist. Und hier die Fragen:

1. Ich kann Konflikte mit mir selbst und mit anderen gut ertragen.

stimmt nicht *stimmt zum Teil* *stimmt genau*

-5	-4	-3	-2	-1	0	+1	+2	+3	+4	+5

2. Ich kann Konfliktarten und -strukturen mit anderen Menschen gut erkennen.

stimmt nicht *stimmt zum Teil* *stimmt genau*

-5	-4	-3	-2	-1	0	+1	+2	+3	+4	+5

3. Ich kann in Konflikten mit anderen Menschen meine Bedürfnisse und Interessen durchsetzen. Ich bin dabei ziemlich erfolgreich.

stimmt nicht *stimmt zum Teil* *stimmt genau*

-5	-4	-3	-2	-1	0	+1	+2	+3	+4	+5

4. Ich beachte in Konflikten stets die eigenen und die Bedürfnisse anderer. Das fällt mir meist sehr leicht.

stimmt nicht *stimmt zum Teil* *stimmt genau*

-5	-4	-3	-2	-1	0	+1	+2	+3	+4	+5

5. Ich kann mich in Konfliktsituationen gut in das Denken der anderen Beteiligten hineinversetzen.

stimmt nicht *stimmt zum Teil* *stimmt genau*

-5	-4	-3	-2	-1	0	+1	+2	+3	+4	+5

6. Wenn ich mich in einem Konflikt befinde, möchte ich immer sehr schnell zu einer Lösung kommen. Ich bemühe mich dann möglichst bald um ein Lösungsgespräch.

stimmt nicht *stimmt zum Teil* *stimmt genau*

-5	-4	-3	-2	-1	0	+1	+2	+3	+4	+5

7. Ich bin fähig, Spannungen, die durch Konflikte entstehen, auszuhalten, bemühe mich aber in jedem Fall um eine gemeinsame Lösung, die auch die Interessen des Konfliktpartners berücksichtigt.

stimmt nicht *stimmt zum Teil* *stimmt genau*

-5	-4	-3	-2	-1	0	+1	+2	+3	+4	+5

8. Ich kann gut zuhören. Das haben mir andere schon oft bestätigt.

stimmt nicht *stimmt zum Teil* *stimmt genau*

-5	-4	-3	-2	-1	0	+1	+2	+3	+4	+5

9. Ich erlebe Konflikte als Herausforderung und als Chance, in Zukunft mit den betreffenden Menschen besser umgehen zu lernen.

stimmt nicht *stimmt zum Teil* *stimmt genau*

-5	-4	-3	-2	-1	0	+1	+2	+3	+4	+5

10. Wenn ich Bedürfnisse habe, die von einem Mitmenschen nicht respektiert werden, bin ich bereit, mich mit diesem Menschen auf einen Konflikt einzulassen.

stimmt nicht *stimmt zum Teil* *stimmt genau*

-5	-4	-3	-2	-1	0	+1	+2	+3	+4	+5

11. Ich suche nicht Harmonie um jeden Preis; aber es ist mir schon wichtig, mit anderen möglichst gut auszukommen. Dafür tue ich auch einiges.

stimmt nicht *stimmt zum Teil* *stimmt genau*

-5	-4	-3	-2	-1	0	+1	+2	+3	+4	+5

12. Wenn ich von anderen kritisiert werde, denke ich zunächst einmal über die positive Absicht nach, die in dieser Kritik stecken könnte. Erst wenn ich die positive Absicht kenne, weiß ich einzuschätzen, was den anderen Menschen zu seiner Kritik veranlasst.

stimmt nicht *stimmt zum Teil* *stimmt genau*

-5	-4	-3	-2	-1	0	+1	+2	+3	+4	+5

13. Wenn ich mich in einem Konflikt befinde, habe ich keine Angst davor, dass durch den Konflikt die Beziehung zu meinem Konfliktpartner auf Dauer gestört bleiben könnte. Ich habe recht gute Erfahrungen mit dem Verhalten in und nach Konfliktsituationen.

stimmt nicht *stimmt zum Teil* *stimmt genau*

-5	-4	-3	-2	-1	0	+1	+2	+3	+4	+5

14. Ich weiß, dass in der Schule sehr viele Konflikte entstehen, die aber nicht alle gelöst werden können. Wichtige Konflikte aber bin ich immer bereit zu besprechen und aktiv zu lösen.

stimmt nicht *stimmt zum Teil* *stimmt genau*

-5	-4	-3	-2	-1	0	+1	+2	+3	+4	+5

15. Nicht nur mit Kollegen, sondern auch mit Schülern bin ich bereit, Konfliktgespräche zu führen.

stimmt nicht *stimmt zum Teil* *stimmt genau*

-5	-4	-3	-2	-1	0	+1	+2	+3	+4	+5

16. Wenn ich einen wichtigen Konflikt erlebe, bemühe ich mich auch aktiv darum, ihn zu lösen. Ich weiß, dass das Verdrängen oder Leugnen von Konflikten keine Lösung ist und auf Dauer zu noch mehr Schwierigkeiten führt.

stimmt nicht *stimmt zum Teil* *stimmt genau*

-5	-4	-3	-2	-1	0	+1	+2	+3	+4	+5

17. Mir ist bewusst, dass ich durch die Lösung von Konflikten auf Dauer kompetenter werde, mein Gesprächsverhalten zu optimieren.

stimmt nicht *stimmt zum Teil* *stimmt genau*

-5	-4	-3	-2	-1	0	+1	+2	+3	+4	+5

18. Ich reagiere auf unberechtigte Kritik nur selten emotional; vielmehr setze ich mich mit solcher Kritik gezielt auseinander.

stimmt nicht *stimmt zum Teil* *stimmt genau*

-5	-4	-3	-2	-1	0	+1	+2	+3	+4	+5

19. Wenn ich unberechtigt angegriffen werde, bemühe ich mich meist, die Absicht meines Gesprächspartners zu verstehen, bevor ich reagiere.

stimmt nicht *stimmt zum Teil* *stimmt genau*

-5	-4	-3	-2	-1	0	+1	+2	+3	+4	+5

20. In Konfliktsituation entwickle ich meist eine positive Einstellung zum Anderen. Das kann der Konfliktpartner dann auch spüren.

stimmt nicht *stimmt zum Teil* *stimmt genau*

-5	-4	-3	-2	-1	0	+1	+2	+3	+4	+5

21. In Konfliktsituationen bin ich mir meiner Ziele stets bewusst, versuche sie aber nur im Gespräch und mit Einverständnis des Anderen zu erreichen.

stimmt nicht *stimmt zum Teil* *stimmt genau*

-5	-4	-3	-2	-1	0	+1	+2	+3	+4	+5

22. Ich bin bereit, in Konfliktsituationen auch Anteile meiner Bedürfnisse fallen zu lassen, wenn ich dafür einen stimmigen Ausgleich mit dem Konfliktpartner erreichen kann.

stimmt nicht *stimmt zum Teil* *stimmt genau*

-5	-4	-3	-2	-1	0	+1	+2	+3	+4	+5

23. Ich lasse mich in Konfliktsituationen nicht von den Interessen und Bedürfnissen des Konfliktpartners überrollen.

stimmt nicht *stimmt zum Teil* *stimmt genau*

-5	-4	-3	-2	-1	0	+1	+2	+3	+4	+5

24. In Konfliktsituationen kann ich meist noch sehr angemessen wahrnehmen, was mein Konfliktpartner denkt, fühlt und was er sich wünscht.

stimmt nicht *stimmt zum Teil* *stimmt genau*

-5	-4	-3	-2	-1	0	+1	+2	+3	+4	+5

25. Ich gehe nicht mit dem Kopf durch die Wand, wenn ich spüre, dass ich in einem Konflikt kein offenes Ohr für meine Bedürfnissen erhalte. Ich vertage das Gespräch und bemühe mich demnächst um eine Fortsetzung der Konfliktlösung.

stimmt nicht *stimmt zum Teil* *stimmt genau*

-5	-4	-3	-2	-1	0	+1	+2	+3	+4	+5

26. Es ist wichtig, Konfliktlösungsgespräche in einer ruhigen Atmosphäre zu führen. Deshalb bemühe ich mich darum, mit dem Konfliktpartner für ein solches Gespräch einen Termin an einem geeigneten Ort zu vereinbaren.

stimmt nicht					stimmt zum Teil					stimmt genau
-5	**-4**	**-3**	**-2**	**-1**	**0**	**+1**	**+2**	**+3**	**+4**	**+5**

27. Ich kenne theoretisch bestimmte Konfliktlösungsmuster und weiß auch, wie ich sie in einer Konfliktsituation anwenden muss.

stimmt nicht					stimmt zum Teil					stimmt genau
-5	**-4**	**-3**	**-2**	**-1**	**0**	**+1**	**+2**	**+3**	**+4**	**+5**

28. Ich führe Gespräche zur Konfliktlösung nicht aus dem Stand zwischen Tür und Angel; ich bereite mich darauf vor.

stimmt nicht					stimmt zum Teil					stimmt genau
-5	**-4**	**-3**	**-2**	**-1**	**0**	**+1**	**+2**	**+3**	**+4**	**+5**

29. Mir ist bewusst, mein Verhalten wird sich automatisch ändern, wenn ich eine positive Grundeinstellung meinem Konfliktpartner gegenüber einnehme.

stimmt nicht					stimmt zum Teil					stimmt genau
-5	**-4**	**-3**	**-2**	**-1**	**0**	**+1**	**+2**	**+3**	**+4**	**+5**

30. Die meisten Menschen, mit denen ich Konflikte hatte, mögen mich auch heute noch.

stimmt nicht					stimmt zum Teil					stimmt genau
-5	**-4**	**-3**	**-2**	**-1**	**0**	**+1**	**+2**	**+3**	**+4**	**+5**

Auswertungsbogen

Tragen Sie hier die angekreuzten Punktwerte der 30 Fragen ein. Verbinden Sie dann die Ergebnisse der einzelnen Frage mit einer Linie: Ihr Profil in Bezug auf Konfliktfähigkeit. Je mehr die Linie im rechten positiven Bereich liegt, desto besser ist Ihr Konflikt-Management entwickelt.

Nr.	-5	-4	-3	-2	-1	0	+1	+2	+3	+4	+5
1											
2											
3											
4											
5											
6											
7											
8											
9											
10											
11											
12											
13											
14											
15											
16											
17											
18											
19											
20											
21											
22											
23											
24											
25											
26											
27											
28											
29											
30											

2.2. Reaktionen auf Konflikte

Nehmen Sie folgendes Beispiel: Sie bereiten Ihren Unterricht gut vor und Sie können den Schülern deshalb den Stoff auch gut vermitteln. Natürlich haben Sie sich eine Hausaufgabe für die Lerngruppe überlegt: Die Schüler sollen für die nächste Stunde Übungsaufgaben bearbeiten. Und es kommt, wie es in der letzten Zeit schon oft gekommen ist: Ein Teil der Schüler hat die Aufgaben nicht erledigt. Entschuldigungen gibt es dafür genug: „Ich hatte keine Zeit!" „Ich habe mein Heft vergessen." Sie sind verärgert über das Verhalten der Schüler; Sie bemühen sich so sehr um die Klasse, dass Sie etwas anderes erwarten dürfen, so denken Sie zumindest. Und das sagen Sie den Schülern auch, natürlich in ernstem, vorwurfsvollem Ton. Aber irgendwie haben Sie den Eindruck, damit nicht viel ausrichten zu können. Und richtig: Beim nächsten Mal erleben Sie wieder das gleiche; bestimmte Schüler scheinen unbelehrbar. Doch das nervt Sie weiterhin und zufrieden sind Sie damit eben nicht, dass man Ihre Anweisungen so wenig ernst nimmt.

Ob Sie es wollen oder nicht: Sie befinden sich in einem Konflikt. Vielleicht haben Sie es noch gar nicht wirklich wahrgenommen und die Schüler auch nicht, aber der Konflikt besteht und vergiftet langsam die Atmosphäre. Also: Eine Reaktion des Lehrers ist zwangsläufig nötig, um dem Konflikt zu begegnen. Wenn der Lehrer nicht aktiv wird, wird die Situation auch ohne ihn entschieden, auch Nichtstun ist eine Information und wird vom Kommunikationspartner aufgenommen und für dessen zukünftige Verhaltensweisen berücksichtigt.

Frage:

Wie kann man allgemein auf Konflikt-Situationen reagieren?

Die Reaktion auf einen Konflikt ist abhängig davon, welche Einstellung die Handelnden grundsätzlich zu einem Konflikt haben. Folgende Reaktionen sind denkbar und wahrscheinlich:

- **Vermeidung**
- **Herausforderung**
- **Anpassung**

Was bedeutet das im Einzelnen?

⇨ **Vermeidung:** Mindestens einer der Konfliktpartner erlebt sich als nicht konfliktfähig gerade dadurch, dass er überhaupt in einen Konflikt geraten ist. Man hat eben keine Konflikte zu haben, Konflikte müssen so im Voraus bewältigt werden, dass sie schon gelöst sind, bevor sie überhaupt auftreten können. Konflikte dürfen erst gar nicht entstehen, geschieht dies aber doch, werden sie nicht mehr zur Kenntnis genommen und gemieden, weil ihre Existenz dem Selbstbild eines „guten Lehrers" widerspricht. Es darf nicht sein, was nicht sein kann. Am Ende steht ein Gefühl relativen Gewinns: Der Konflikt scheint oberflächlich verschwunden und wird doch zugleich als unter der Decke schwelend empfunden.

⇨ **Herausforderung:** Die Konfliktpartner nehmen den Konflikt als Konflikt wahr und ernst. Der Konflikt zeigt den Beteiligten, was in ihrer Beziehung zur Zeit nicht stimmt und was notwendig zu besprechen und neu zu regeln ist. Der Konflikt verweist also auf eine Diskrepanz zwischen einem als defizitär erlebten Ist-Zustand und einem mindestens von einem Konfliktpartner als wünschenswert vorgestellten Soll-Zustand. Für die Konfliktpartner ist der Konflikt also eine Chance, unterschiedliche Interessen zu artiku-

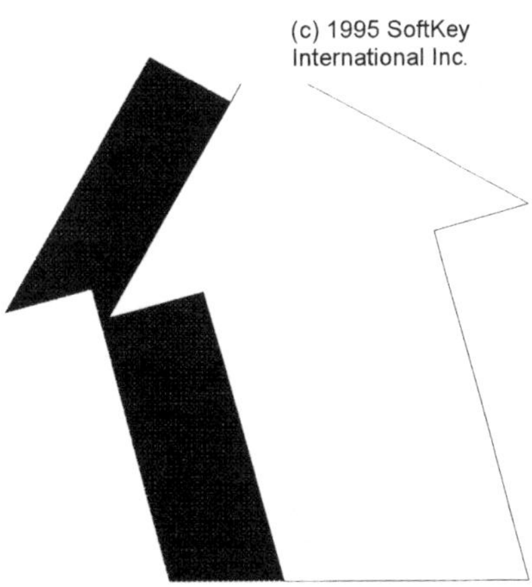

lieren und den Dissens zu überwinden. Zum Schluss haben die Konfliktpartner das Gefühl, mit Differenzen konstruktiv umgehen zu können. Sie erleben dadurch eine Fortschritt in ihrer Beziehung.

⇨ **Anpassung:** Mindestens einer der Konfliktpartner erlebt den Konflikt als existenzielle Bedrohung und entwickelt Angst. Einerseits möchte er seine aktuellen Interessen durchsetzen, spürt aber, dass dies beim anderen Konfliktpartner auf Widerspruch und Widerstand stößt. Diese Reaktion ängstigt ihn, weil er befürchtet, dass der andere Konfliktpartner sich von ihm abwendet, wenn er seine berechtigten Interessen weiter verfolgt. Der nicht bewältigte Konflikte veranlasst den Lehrer, seine Interessen zu vernachlässigen und sich eher den Wünschen des Konfliktpartners anzupassen. Zurück bleibt ein Gefühl von Verlust: Die eigenen Bedürfnisse sind nicht befriedigt. In der Folge leidet das Selbstbild des Lehrers, weil er sich als inkompetent erlebt.

Sie können jetzt prüfen, was die drei Reaktionsmuster für den eingangs beschriebenen Konfliktfall bedeuten. Machen Sie dazu die folgende Übung:

Übung

Lesen Sie noch einmal den Konfliktfall von Seite 18. Überlegen Sie, was der Lehrer denkt, wie er sich fühlt und wie er sich verhalten müsste, wenn er a) ein Vermeidungsverhalten zeigt, b) den Konflikt als Herausforderung sieht und c) sich anpasst. Notieren Sie Ihre Überlegungen in den Leerfeldern.

Vermeidung		
Gedanken	Gefühle	Verhalten

Herausforderung		
Gedanken	Gefühle	Verhalten

Anpassung		
Gedanken	Gefühle	Verhalten

2.3. Struktur von Konflikten

Konfliktsituationen können sich auf verschiedene Inhalte beziehen, Konflikte können an unterschiedlichen Orten und Zeiten mit unterschiedlichen Menschen entstehen, sie können sich auf unterschiedliche Zielsetzungen beziehen und mehr oder weniger energisch ausgetragen werden. Trotz aller Unterschiede haben Konfliktsituationen aber auch etwas Gemeinsames: Alle Konflikte haben eine Struktur, die in immer gleicher Weise bestimmte Elemente miteinander verbindet. Ein sinnvolles Lösen von Konflikten aber ist nur dann möglich, wenn man diese Struktur von Konflikten kennt. Also:

Frage:
Welche Elemente kennzeichnen die Struktur von Konflikten?

Konfliktsituationen haben stets die gleichen Elemente:

- **Konfliktparteien**
- **die Interessen der Konfliktparteien**
- **das Handeln der Konfliktparteien**
- **die Wirkung des Handelns der Konfliktparteien**

⇨ **Konfliktparteien:** An einem Konflikt sind mindestes zwei Parteien beteiligt. Konfliktparteien können sowohl einzelne Personen sein oder auch Gruppen und Staaten. Man kann auch mit sich selbst in einem Konflikt stehen, es schlagen sozusagen zwei Herzen in einer Brust. Im direkten oder übertragenen Sinne stehen die Parteien A und B einander gegenüber und nehmen dabei in Bezug auf einen Sachverhalt X unterschiedliche Standpunkte ein.

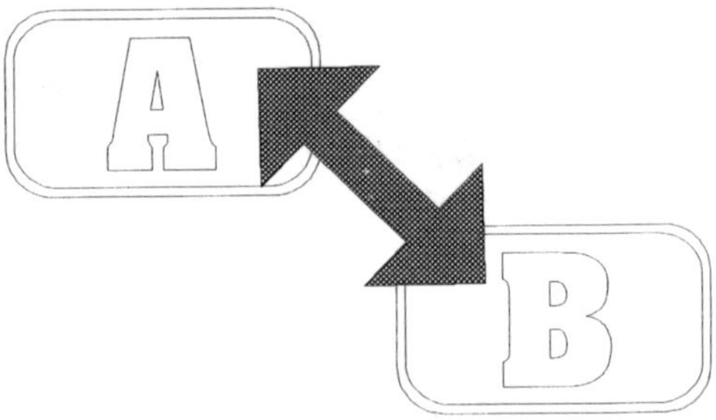

Auf unser Schulbeispiel von Seite 18 bezogen heißt das: Konfliktparteien sind Sie als Lehrer; Ihnen gegenüber stehen als zweite Konfliktpartei die Schüler, die die Hausaufgaben wiederholt nicht erbracht haben.

⇨ **Die Interessen der Konfliktparteien:** Die Konfliktparteien haben nicht nur unterschiedliche Standpunkte in Bezug auf einen bestimmten Sachverhalt, ihre Absichten und Interessen aufgrund dieser Standpunkte schließen sich aus. Handlungsabsichten sind kurz- oder langfristig motiviert. Sie können aus unmittelbaren Interessen entspringen: „Ich habe jetzt keine Lust!". Ebenso können Handlungsdispositionen durch Sozialisationserfahrungen begründet sein, wobei vor allem Werte, Überzeugungen und Glaubenssätze eine Rolle spielen: „Schule bringt sowieso nichts! Du bleibst eh' arbeitslos!"

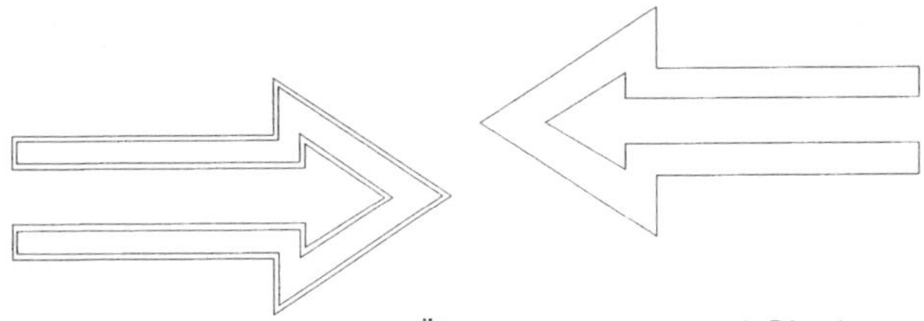

Auf unser Schulbeispiel bezogen heißt das: Ihre Überzeugungen als Lehrer sind nicht deckungsgleich mit den aktuellen und vielleicht sogar überdauernden Werthaltungen der Schüler. Sie sind davon überzeugt, dass Hausausgaben grundsätzlich Sinn machen, weil sie unter anderem eine gute Vorbereitung einer Klassenarbeit sein können; demgegenüber ist das Interesse der Schüler von eher kurzfristigem Denken bestimmt, sie bevorzugen eher die Freizeit, die sie darüber erreichen, die gestellten Aufgaben nicht zu erledigen.

⇨ **Das Handeln der Konfliktparteien:** Aus unterschiedlichen Handlungsdispositionen der Konfliktparteien ergibt sich unterschiedliches Verhalten, wobei das Verhalten der einen Konfliktpartei das der anderen behindert und erfolglos macht.

Auf unser Schulbeispiel bezogen heißt das: Sie und bestimmte Schüler sind unterschiedlicher Auffassung darüber, welchen Stellenwert Hausaufgaben haben sollen. Sie legen großen Wert darauf, dass Hausaufgaben angemessen erledigt werden, um so die Klasse sinnvoll auf das Erreichen Ihrer Unterrichtsziele vorzubereiten. Einige Schüler der Klasse hingegen scheinen kein Interesse daran zu haben, die gestellten Aufgaben zu erledigen. Ihr Handeln und das bestimmter Schüler schließen sich aus, ihre Handlungsabsichten sind mit denen dieser Schüler unvereinbar. Sie und diese Jugendlichen blockieren sich gegenseitig, wodurch auf beiden Seiten Frustration entsteht.

⇨ **Die Wirkung des Handelns der Konfliktparteien**: Das Handeln der Konfliktparteien bleibt nicht folgenlos; allerdings ist die Wirkung, die das Handeln eines Konfliktpartners auf den anderen hat, nicht immer identisch mit dem, was an Wirkung beabsichtigt war.

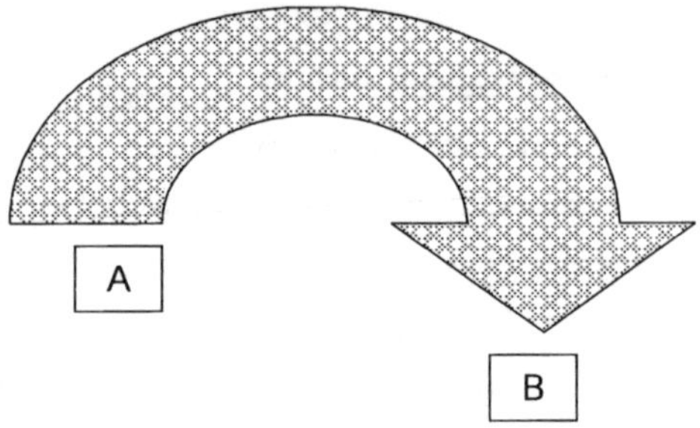

Auf unser Schulbeispiel bezogen heißt das: Der Lehrer verfolgt mit seinen Aktivitäten das Ziel, die Schüler auf das Erreichen der Unterrichtsziele effektiv vorzubereiten. Bei den Schülern kommt diese positive Absicht aber nicht immer an; die Schüler erleben das Handeln des Lehrers als unnötig und überfordernd und stellen ihr eigenes Handeln entsprechend darauf ein.

Mit der folgenden Übung können Sie einen Konfliktfall aus Ihrem Alltag auf seine Strukturelemente hin untersuchen. Ein Partner kann Ihnen bei der Durchführung helfen.

Übung

1. Machen Sie es sich bequem und entspannen Sie. Schließen Sie die Augen und lassen Sie sich jetzt nicht mehr stören.

2. Erinnern Sie eine Konfliktsituation, an der Sie beteiligt waren. Schauen Sie sich die Situation wie einen Film auf einer Kinoleinwand an. Bleiben Sie Beobachter der Szene. Was sehen Sie? Was hören Sie? Was fühlen Sie jetzt?

3. Beantworten Sie jetzt die folgenden Fragen:

   - Welche Konfliktparteien sind beteiligt?

Konfliktpartei A	Konfliktpartei B	Konfliktpartei C

- Welche Interessen haben die Konfliktparteien?

Interessen der Konfliktparteien		
A	B	C

- Wie handeln die Konfliktparteien?

Handeln der Konfliktparteien		
A	B	C

- Welche Wirkung hat das Handeln der anderen Konfliktpartei(en) auf mich?

Wirkung des Handelns der Konfliktpartei		
A	B	C

4. Beenden Sie die Übung und kommen Sie in das Hier und Jetzt zurück.

2.4. Konflikt-Arten

Man kann grundsätzlich zwei Konflikt-Arten unterscheiden: inter- und intrapersonale Konflikte. Bei intrapersonalen Konflikten gibt es keine weitere Person außer mir selbst als Konfliktpartner. Der Konflikt beruht auf widersprüchlichen Erwartungen, die man entweder an sich selbst stellt oder die andere an einen stellen. Die Widersprüche können in unterschiedlichen Überzeugungen oder in einem unterschiedlichen Rollenverständnis liegen. Die Widersprüche liegen dabei in der Person selbst oder innerhalb einer Rolle.

Intrapersonale Konflikte sind meist Selbst-Konflikte, d. h.: die Konflikte sind in der Person begründet und können von der Reife der Person oder ihrer aktuellen Stimmung abhängig sein. Eine andere Art des intrapersonalen Konflikts ist der Ziel-Mittel-Konflikt: Die Person ist sich zwar im Klaren darüber, welche Ziele sie anstrebt, aber sie weiß nicht, welche Mittel und Lösungsmöglichkeiten sie dafür verwenden kann und soll. Der Zwiespalt wird als interner Konflikt erlebt. Eine dritte Variante intrapersonaler Konflikte sind Norm- und Werte-Konflikte. In diesen Fällen folgt die Person in einer spezifischen Situation A einer Überzeugung, die sie in einer anderen Situation B absolut ablehnt. Der innere Konflikt entsteht dadurch, dass die Person auf einer höheren Einstellungsebene ihre Überzeugung sowohl in der Situation A als auch in der Situation B für richtig hält.

Bei interpersonalen Konflikten existiert mindestens eine weitere Konfliktpartei, die physisch anwesend ist. Solche Konflikte beruhen auf unterschiedlichen Rollenerwartungen und Überschneidungen der Rollen, die jemand ausfüllt. Die Widersprüche liegen hierbei zwischen den verschiedenen Rollen und den damit verknüpften Erwartungen, die andere an den Rollenträger haben.

Interpersonale Konflikte können ebenfalls Ziel-Mittel- oder Werte- und Normkonflikte sein; im Gegensatz zu intrapersonalen Konflikten liegt hier der Norm-Widerspruch in den unterschiedlichen sozialen Erwartungen, die an einen Menschen herangetragen werden und die er mit seinen eigenen Überzeugungen nicht immer in Einklang bringen kann. Der Konflikt entsteht also in der direkten Interaktion mit anderen Menschen. Die beteiligten Personen widersprechen und blockieren sich zumindest teilweise durch ihr Handeln; dadurch wird ihnen die Konfliktsituation bewusst, die letztlich in unterschiedlichen Überzeugungen und Wünschen darüber gründet, was in einer Situation für angemessen gehalten wird.

Übung

1. Machen Sie es sich bequem und entspannen Sie. Schließen Sie die Augen und lassen Sie sich jetzt nicht mehr stören. Vielleicht kann Ihnen ein Partner bei der Durchführung der Übung helfen und für Sie die erforderlichen Notizen machen.

2. Stellen Sie sich folgende Konfliktsituation vor: Es ist Samstag; Pia überlegt mit Ihrem Freund Sven, was sie abends unternehmen können. Es entsteht eine Auseinandersetzung über das Ziel: Pia will ins Kino und den gerade angelaufenen Superfilm aus Amerika sehen, während ihr Freund lieber zu Hause bleiben und sich mit ihr einen gemütlichen Abend machen möchte.

Welche Art von Konflikt liegt vor?

Pias Gedanken in der Situation

Svens Gedanken in der Situation

Pias Gefühle in der Situation

Svens Gefühle in der Situation

Worin genau besteht der Konflikt?

Wie könnten Pia und Sven den Konflikt bewältigen?

3. Erinnern Sie jetzt einen intrapersonalen Konflikt, an dem Sie selbst beteiligt waren. Erleben Sie die Situation noch einmal von innen. Überlegen Sie, was Sie damals gedacht und gefühlt haben.

Meine Gedanken in der damaligen Situation

Die potentiellen Gedanken meines anderen Ichs

Meine Gefühle in der damaligen Situation

Die potentiellen Gefühle meines anderen Ichs

Worin genau bestand der Konflikt?

Wie habe ich den Konflikt bewältigt?

Wie befriedigend war die Lösung für mich / für mein anderes Ich?

Welche anderen Lösungen fallen mir heute dazu ein?

4. Erinnern Sie einen interpersonalen Konflikt, an dem Sie beteiligt waren. Erleben Sie die Situation noch einmal von außen als Zuschauer und von innen, als ob al-

les jetzt noch einmal geschehen würde. Überlegen Sie, was Sie und Ihr Konfliktpartner damals gedacht und gefühlt haben (könnten).

Meine Gedanken in der damaligen Situation

Die potentiellen Gedanken meines Konfliktpartners

Meine Gefühle in der damaligen Situation

Die potentiellen Gefühle meines Konfliktpartners

Worin genau bestand der Konflikt?

Wie habe ich / haben wir den Konflikt bewältigt?

Wie befriedigend war die Lösung für mich / für meinen Konfliktpartner?

Welche anderen Lösungen fallen mir heute dazu ein?

5. Ziehen Sie Schlussfolgerungen aus Ihren Analysen. Notieren Sie sich Merksätze für Ihre weitere Beschäftigung mit dem Thema „Konflikte“.

6. Beenden Sie die Übung.

2.5. Übungen zu Konflikten im Schulalltag

Im Kapitel 2.3 haben wir die grundlegenden Strukturen von Konfliktsituationen besprochen und im Kapitel 2.4 haben Sie einige inhaltliche Aspekte von Konflikten kennen gelernt; in diesem Abschnitt nun geht es darum, das bisher Erarbeitete auf konkrete Konflikt-Situationen im Schulalltag zu übertragen und intensiv zu üben.

Übung

1. Beispiel

In der Fachkonferenz Mathematik geraten zwei der sieben Kollegen aneinander. Die Frage der Qualitätssicherung ist bei ihnen umstritten: Kollege Bauer möchte darauf verzichten, überprüfbare Kriterien zu erarbeiten, die in Zukunft für die gesamte Fachschaft gelten sollen. Kollege Otto dagegen möchte bereits gemeinsame Klassenarbeiten einführen, die alle Kollegen einer Jahrgangsstufe zur selben Zeit schreiben und mit demselben Maßstab beurteilen sollen. Es entbrennt ein heftiger Streit zwischen den beiden Kollegen; die Meinung der Fachschaft bleibt in der Sache gespalten.

Machen Sie sich einen inneren Film von der Situation und schauen Sie ihn sich zunächst aus einiger Entfernung als Beobachter an. Schlüpfen Sie danach in die Rollen der Konfliktparteien und erleben Sie die Situation dann von innen aus deren Perspektive. Konzentrieren Sie sich dabei vor allem auf das, was Sie in der jeweiligen Rolle denken und fühlen. Beantworten Sie danach die folgenden Fragen. Ein Partner könnte Ihnen helfen, die Notizen aufzuschreiben.

- Welche Konfliktparteien sind beteiligt? Wenn es mehr als zwei gibt, notieren Sie die weiteren unter B.

Konfliktpartei A	Konfliktpartei B

- Welche Interessen haben die Konfliktparteien?

Interessen der Konfliktparteien	
A	**B**

- Wie handeln die Konfliktparteien?

Handeln der Konfliktparteien	
A	**B**

- Welche Wirkung hat das Handeln der Konfliktpartei(en) aufeinander?

Wirkung des Handelns der Konfliktparteien	
A	**B**

- Welche Art von Konflikt liegt vor?

Art des Konflikts

- Welche Gedanken machen sich die Konfliktpartner wohl in der Konfliktsituation?

Die potentiellen Gedanken der Konfliktpartner	
A	B

- Welche Gefühle haben die Konfliktpartner wohl in der Konfliktsituation?

Die potentiellen Gefühle der Konfliktpartner	
A	B

- Worin genau liegt der Konflikt inhaltlich begründet?

Inhalt des Konflikts

- Welche Lösung schlagen Sie für den Konflikt vor? Vergleichen Sie Ihre Lösung später mit den Ausführungen in Kapitel 2.6.

Mögliche Lösung des Konflikts

2. Beispiel

Herr Meier macht einen besonders interessanten Erdkundeunterricht. Die Schülerinnen und Schüler lernen viel bei Herrn Meier, weil sie die Lerngegenstände mit allen Sinnen erfahren können. Vor allem erwartet Herr Meier von den Jugendlichen, dass sie die Lerninhalte weitgehend selbstständig in Gruppen erarbeiten. Birger hat damit ziemliche Probleme: Er engagiert sich in der Gruppe nicht, lässt die anderen Gruppenmitglieder für sich arbeiten, worüber diese mit Birger ständig in Streit geraten. Herr Meier interveniert dann oft, indem er Birger zum Arbeiten motiviert. Dies aber hat meist nur einen sehr kurzfristigen Erfolg.

Machen Sie sich einen inneren Film von der Situation und schauen Sie ihn sich zunächst aus einiger Entfernung als Beobachter an. Schlüpfen Sie danach in die Rollen der Konfliktparteien und erleben Sie die Situation dann von innen aus deren Perspektive. Konzentrieren Sie sich dabei vor allem auf das, was Sie in der jeweiligen Rolle denken und fühlen. Beantworten Sie danach die folgenden Fragen:

- Welche Konfliktparteien sind beteiligt? Wenn es mehr als zwei gibt, notieren Sie die weiteren unter B.

Konfliktpartei A	Konfliktpartei B

- Welche Interessen haben die Konfliktparteien?

Interessen der Konfliktparteien	
A	B

- Wie handeln die Konfliktparteien?

Handeln der Konfliktparteien	
A	B

- Welche Wirkung hat das Handeln der Konfliktpartei(en) aufeinander?

Wirkung des Handelns der Konfliktparteien	
A	B

- Welche Art von Konflikt liegt vor?

Art des Konflikts

- Welche Gedanken machen sich die Konfliktpartner wohl in der Konfliktsituation?

Die potentiellen Gedanken der Konfliktpartner	
A	B

- Welche Gefühle haben die Konfliktpartner wohl in der Konfliktsituation?

Die potentiellen Gefühle der Konfliktpartner	
A	B

♦ Worin genau liegt der Konflikt inhaltlich begründet?

Inhalt des Konflikts

♦ Welche Lösung schlagen Sie für den Konflikt vor? Vergleichen Sie Ihre Lösung später mit den Ausführungen in Kapitel 2.6.

Mögliche Lösung des Konflikts

3. Beispiel

Frau Sigmund ist Schulleiterin. Heute muss sie wieder einigen Eltern mitteilen, dass ihre Kinder für den Verbleib an der Schule nicht geeignet sind. Die meisten Eltern akzeptieren die Entscheidung der Schule, doch die Mutter von Monika sieht nicht ein, dass ihre Tochter die Schule verlassen soll. Frau Sigmund und Monikas Mutter beziehen ihre unterschiedlichen Standpunkte, eine Annäherung zeichnet sich nicht ab. Schließlich verlässt die Mutter das Dienstzimmer von Frau Sigmund, ohne sich zu verabschieden.

Machen Sie sich einen inneren Film von der Situation und schauen Sie sich ihn zunächst aus einiger Entfernung als Beobachter an. Schlüpfen Sie danach in die Rollen der Konfliktparteien und erleben Sie die Situation dann von innen aus deren Perspektive. Konzentrieren Sie sich dabei vor allem auf das, was Sie in der jeweiligen Rolle denken und fühlen. Beantworten Sie danach wieder die folgenden Fragen.

Tipp: Lassen Sie sich dabei von einem Partner helfen!

- Welche Konfliktparteien sind beteiligt? Wenn es mehr als zwei gibt, notieren Sie die weiteren unter B.

Konfliktpartei A	Konfliktpartei B

- Welche Interessen haben die Konfliktparteien?

Interessen der Konfliktparteien	
A	B

- Wie handeln die Konfliktparteien?

Handeln der Konfliktparteien	
A	B

- Welche Wirkung hat das Handeln der Konfliktpartei(en) aufeinander?

Wirkung des Handelns der Konfliktparteien	
A	B

- Welche Art von Konflikt liegt vor?

Art des Konflikts

- Welche Gedanken machen sich die Konfliktpartner wohl in der Konfliktsituation?

Die potentiellen Gedanken der Konfliktpartner	
A	B

- Welche Gefühle haben die Konfliktpartner wohl in der Konfliktsituation?

Die potentiellen Gefühle der Konfliktpartner	
A	B

- Worin genau liegt der Konflikt inhaltlich begründet?

Inhalt des Konflikts

- Welche Lösung schlagen Sie für den Konflikt vor? Vergleichen Sie Ihre Lösung später mit den Ausführungen in Kapitel 2.6.

Mögliche Lösung des Konflikts

4. Beispiel

Herr Klinger ist Schulleiter an einem Gymnasium; er möchte die Stelle des Drogenberatungslehrers neu besetzen. Frau Wiegand hat diese Aufgabe schon seit einigen Jahren ausgefüllt, sie hat aber keine Ausbildung zum Drogenberatungslehrer. Herr Schulze dagegen hat durch mehrere Fortbildungsveranstaltungen die Qualifikation zum Drogenberatungslehrer erworben und soll und will jetzt auch die entsprechende Funktion übernehmen. Frau Wiegand ist mit ihrer Ablösung nicht einverstanden, sie verweist auf ihre langjährige Erfahrung in der Sache und auf ihren erfolgreichen Umgang mit den Schülerinnen und Schülern. Herr Klinger bleibt seiner Entscheidung, Herrn Schulze als Drogenberatungslehrer zu berufen.

Machen Sie sich einen inneren Film von der Situation und schauen Sie ihn sich zunächst aus einiger Entfernung als Beobachter an. Schlüpfen Sie danach in die Rollen der Konfliktparteien und erleben Sie die Situation dann von innen aus deren Perspektive. Konzentrieren Sie sich dabei vor allem auf das, was Sie in der jeweiligen Rolle denken und fühlen. Beantworten Sie danach die folgenden Fragen:

- Welche Konfliktparteien sind beteiligt? Wenn es mehr als zwei gibt, notieren Sie die weiteren unter B.

Konfliktpartei A	Konfliktpartei B

- Welche Interessen haben die Konfliktparteien?

Interessen der Konfliktparteien	
A	B

- Wie handeln die Konfliktparteien?

Handeln der Konfliktparteien	
A	B

- Welche Wirkung hat das Handeln der Konfliktpartei(en) aufeinander?

Wirkung des Handelns der Konfliktparteien	
A	B

- Welche Art von Konflikt liegt vor?

Art des Konflikts

- Welche Gedanken machen sich die Konfliktpartner wohl in der Konfliktsituation?

Die potentiellen Gedanken der Konfliktpartner	
A	B

- Welche Gefühle haben die Konfliktpartner wohl in der Konfliktsituation?

Die potentiellen Gefühle der Konfliktpartner	
A	B

- Worin genau liegt der Konflikt inhaltlich begründet?

Inhalt des Konflikts

- Welche Lösung schlagen Sie für den Konflikt vor? Vergleichen Sie Ihre Lösung später mit den Ausführungen in Kapitel 2.6.

Mögliche Lösung des Konflikts

5. Beispiel

Frau Schiefer hat immer wieder Probleme mit Robert, einem Schüler ihrer Klasse. Robert hat offenbar eine Menge Vorurteile über Ausländer und gerät häufig in Streit mit ihnen. Heute gab es eine Auseinandersetzung mit Mustafa, einem türkischen Schüler. Robert hat Mustafa beleidigt, indem er dessen religiöse Einstellung herabgewürdigt hat. Mustafa hat sich zunächst verbal gewehrt, schließlich aber ist Robert handgreiflich geworden. Daraufhin haben sich die beiden Jungen einen heftigen Kampf geliefert und sich gegenseitig verletzt, bis Frau Schiefer dazu kam und die Streithähne auseinander brachte.

Machen Sie sich einen inneren Film von der Situation und schauen Sie ihn sich zunächst aus einiger Entfernung als Beobachter an. Schlüpfen Sie danach in die Rollen der Konfliktparteien und erleben Sie die Situation dann von innen aus deren Perspektive. Konzentrieren Sie sich dabei vor allem auf das, was Sie in der jeweiligen Rolle denken und fühlen. Beantworten Sie danach die folgenden Fragen:

- Welche Konfliktparteien sind beteiligt? Wenn es mehr als zwei gibt, notieren Sie die weiteren unter B.

Konfliktpartei A	Konfliktpartei B

- Welche Interessen haben die Konfliktparteien?

Interessen der Konfliktparteien	
A	B

- Wie handeln die Konfliktparteien?

Handeln der Konfliktparteien	
A	B

♦ Welche Wirkung hat das Handeln der Konfliktpartei(en) aufeinander?

Wirkung des Handelns der Konfliktparteien	
A	B

♦ Welche Art von Konflikt liegt vor?

Art des Konflikts

♦ Welche Gedanken machen sich die Konfliktpartner wohl in der Konfliktsituation?

Die potentiellen Gedanken der Konfliktpartner	
A	B

♦ Welche Gefühle haben die Konfliktpartner wohl in der Konfliktsituation?

Die potentiellen Gefühle der Konfliktpartner	
A	B

♦ Worin genau liegt der Konflikt inhaltlich begründet?

Inhalt des Konflikts

- Welche Lösung schlagen Sie für den Konflikt vor? Vergleichen Sie Ihre Lösung später mit den Ausführungen in Kapitel 2.6.

Mögliche Lösung des Konflikts

2.6. Konflikt-Lösungen

Seit Watzlawick u. a. (1990; vgl. Abb. 1) Ende der 60er Jahre menschliche Kommunikation zum Thema gemacht haben, wissen wir: Jeder Kommunikationsprozess hat eine Beziehungs- und eine Sachebene. Die Beziehungsebene der Kommunikation sagt etwas darüber aus, wie die Kommunikationspartner zueinander stehen, was sie voneinander halten und füreinander empfinden. Die Sachebene der Kommunikation benennt die Inhalte, die während einer Kommunikation transportiert werden. Dazu gehören alle Überzeugungen, Meinungen und Beschreibungen, aber auch alle meta-diskursiven Aussagen, also Aussagen darüber, wie die Gesprächspartner die Kommunikation erleben. Sach- und Beziehungsebene stehen in einer konkreten Kommunikations- und damit auch Konfliktsituationen immer miteinander in Wechselbeziehung; dabei bestimmt die Beziehungsebene, was auf der Sachebene überhaupt möglich ist zu besprechen.

Konflikte entstehen durchweg auf der Beziehungsebene. Die Kommunikationspartner sind sich bei einem Konflikt nicht mehr einig darüber, wie ihre Beziehung aktuell zu definieren ist. Die Partner liefern einander unterschiedliche Beziehungsdefinitionen, wobei sich diese ganz oder teilweise ausschließen. Hinter den divergierende Bezie-

1. **Man kann nicht nicht miteinander kommunizieren.**
   Kommunikation ist ein Verhalten, das kein Gegenteil hat.

2. **Jede Kommunikation hat einen Inhalts- und einen Beziehungsaspekt. Der Beziehungsaspekt bestimmt den Inhaltsaspekt.**
   In einer guten Beziehung lässt sich jeder Inhalt besprechen.

3. **Jede Kommunikation erhält aufgrund der unterschiedlichen Sicht der Partner eine Struktur, die als Interpunktion einer Ereignisfolge erscheint.**
   Jeder Kommunikationspartner bestimmt den Anfang eines gemeinsamen Kommunikationsprozesses an einer spezifischen Stelle.

4. **Kommunikation kann auf digitaler und analoger Ebene erfolgen.**
   Digitale Kommunikation umfasst die verbale Sprache, analoge Kommunikation alle non- und paraverbalen Informationen.

5. **Kommunikation ist entweder symmetrisch oder komplementär.**
   Symmetrische Kommunikation beruht auf Gleichheit, komplementäre Kommunikation auf Ungleichheit der Gesprächspartner.

Abbildung 1: Kommunikationsaxiome nach Watzlawick u. a. 1990

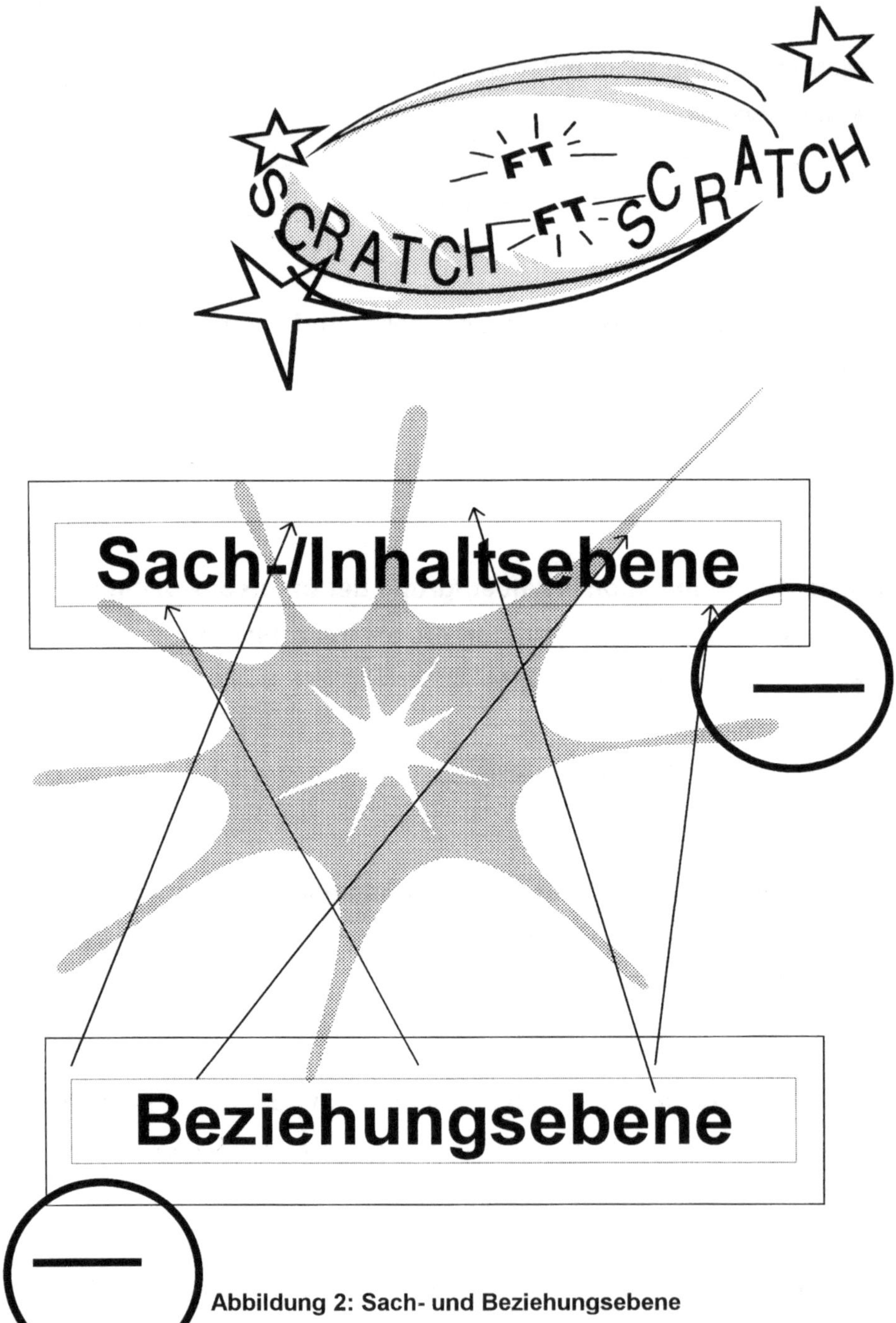

Abbildung 2: Sach- und Beziehungsebene

hungsdefinitionen verbergen sich divergierende Wertvorstellungen und Überzeugungen darüber, wie die Beziehung auszusehen hat. Die desolate Beziehungssituation führt dazu, dass auf der inhaltlichen Ebene der Kommunikation Störungen entstehen. Die Partner reagieren auf der Inhaltsebene nicht mehr sachangemessen, weil sie auf der Beziehungsebene emotional betroffen sind (vgl. Abb. 2).

Die unterschiedlichen Wertvorstellungen und Überzeugungen beeinflussen die Beziehungsebene negativ; die ungünstige Beziehungssituation wirkt dann so auf die Sachebene, dass hier eine vernünftige Auseinandersetzung nicht mehr möglich ist. Die Beziehungsprobleme haben die Kraft von Stacheln, die die Sachebene beständig von unten angreifen. Die Kommunikationspartner müssen möglichst sofort handeln, wenn sie sich in einer solchen Konfliktsituation befinden. Doch wie löst man Konfliktstrukturen konstruktiv auf?

Wie kommt man auf die Meta-Ebene?

Der Konflikt darf nicht weiter unterhalten werden, wenn man ihn lösen will. Dazu ist es notwendig, dass sich die Gesprächspartner nicht weiter auf der Sachebene auseinander setzen, weil die Sachebene nur ein stellvertretender Schauplatz für den Beziehungskonflikt ist. Die Kommunikationspartner müssen die inhaltliche Ebene der Auseinandersetzung verlassen und sich auf eine Meta-Ebene begeben (s. Abb. 3).

Als Lehrer müssen Sie also mit einem Kollegen oder einer Kollegin oder auch mit einzelnen Schülern bzw. Lerngruppen über den entstandenen Beziehungskonflikt reden. Konflikte lösen sich nicht einfach von selbst – wenigstens in der Regel nicht; je schneller sie mit dem Konfliktpartner ins Gespräch darüber kommen, worin der Konflikt genau liegt, desto schneller wird sich für alle Beteiligten die Situation klären und die Atmosphäre verbessern.

Kommunikation
über
Kommunikation

Gespräche über den nicht-verbalen Beziehungsaspekt der Kommunikation

Klärung der Beziehungssituation

Abbildung 3: Meta-Kommunikation

Sie müssen den Konflikt als Konflikt zum Thema machen, wenn er nicht weiter im Verborgenen schwelen und den Umgang miteinander erschweren soll. Sprechen Sie also den Konflikt an; dazu können Sie eine Feedback-Aussage verwenden (vgl. Kliebisch 1997):

(1) „Ich
(2) fühle mich behindert
(3) durch Ihr / dein / euer Verhalten V.
(4) Ich kann dadurch X nicht schaffen.
(5) Darüber möchte ich jetzt mit Ihnen / dir / euch sprechen."

Das Feedback beschreibt als Ich-Aussage (1) die aktuelle Gefühlslage des Sprechers (2) in Abhängigkeit von einer wertfreien Beschreibung jenes Verhaltens, das der Empfänger des Feedbacks gezeigt hat oder immer noch zeigt (3). Dann gibt das Feedback die Konsequenz an, die das Verhalten des Feedback-Empfängers auf die jetzige Situation des Sprechers hat (4). Darüber hinaus macht das Feedback deutlich, dass der Beziehungskonflikt hier und jetzt zum Thema werden soll (5).

Versuchen Sie mit Hilfe der folgenden Übung eigene Feedback-Aussagen zu formulieren, die Sie in Konfliktsituationen benutzen können.

Übung

1. Entspannen Sie sich, so gut sie können. Atmen Sie einige Male tief ein und langsam durch den Mund wieder aus. Kommen Sie zur Ruhe. Nehmen Sie sich für diese Übung einige Minuten Zeit.

2. Erinnern Sie eine Konflikt-Situation. Setzen Sie sich dazu in Ihr Lieblingskino und schauen Sie sich einen Film von dem Konflikt auf der Leinwand an. Sie wirken in diesem Film als Hauptdarsteller mit.

3. Überlegen Sie, wie Sie die Konflikt-Situation hätten verlassen können. Welche Formulierungen hätten eine Meta-Diskussion einleiten können? Schreiben Sie alle Feedback-Aussagen auf, die Ihnen spontan einfallen.

1.
2.
3.
4.

5.
6.

4. Kommen Sie in das Hier und Jetzt zurück.

⇨ **Hinweis:** Wiederholen Sie den Übungsdurchgang mit weiteren Konflikten Ihrer Wahl.

Wie löst man einen Konflikt?

Nicht immer gelingt es den Konfliktparteien sich so diszipliniert zu verhalten, dass sie Feedback geben und damit in den Lösungsprozess für den Konflikt eintreten. Viele Menschen neigen aufgrund der Bedrohung durch den Konflikt dazu, Scheinlösungen zu favorisieren. Scheinlösungen sind stets solche Lösungen, bei denen einer der Beteiligten verliert. Diese Erfahrung trägt mittel- und langfristig dazu bei, den Konflikt wieder und meist weitaus heftiger auf dem Tisch zu haben.

Eine beliebte Scheinlösung besteht darin, den Konflikt nicht wahrhaben zu wollen: So flüchten manche Menschen aus der Konfliktsituation und wollen mit dem Partner nichts mehr zu tun haben, lehnen jede Kommunikation ab. Hier gewinnt gerade der Partner, der sich zurückzieht: Er hat den Vorteil, sich hier und jetzt mit dem Konflikt nicht auseinander setzen zu müssen; das entlastet ihn im Augenblick oder sogar auf Dauer, wenn sein Partner später auf den Konflikt nicht mehr zu sprechen kommt.

Andere wieder verdrängen oder leugnen die Konfliktsituation; sie reden sich ein, das Verhalten des Konfliktpartners habe schon gute Gründe und werde sich bestimmt in Zukunft nicht wiederholen. Solche Verdrängungskünstler sind ebenfalls die einseitigen Gewinner in der Auseinandersetzung: Sie haben den Vorteil, sich mit der Situation nicht weiter beschäftigen zu müssen. Daher brauchen sie sich auch nicht um Lösungen für den Konflikt zu kümmern, was sie davor bewahrt, vielleicht ihr eigenes Verhalten überdenken oder sogar ändern zu müssen.

Eine weitere Variante des Gewinner-Verlierer-Prinzips kann man mit dem Stichwort „Unterdrückung" kennzeichnen: In diesem Fall drängt der dominante Partner dem anderen eine Lösung für das Problem auf. Der unterlegene Partner akzeptiert die Lösung, die für ihn keine ist, um nicht weitere Konflikte heraufzubeschwören, bei denen er ja ebenfalls der Unterlegene bliebe. Natürlich gewinnt in diesem Fall der stärkere Konfliktpartner, weil er seine Vorstellungen darüber, wie man in Zukunft handeln solle auch gegen den Willen des anderen Partners durchsetzen kann.

Günstiger dagegen ist eine Konfliktlösung, bei der alle Beteiligten gewinnen. Dieser Prozess läuft über 6 Schritte, die möglichst genau eingehalten werden sollten (vgl. Gordon 1980 u. 1981; Abb. 4).

1. Schritt: Konfliktsituation genau beschreiben

Die Kenntnis über die Existenz eines Konflikts klärt noch nicht, worin genau der Konflikt besteht. Der Konflikt muss daher genau beschrieben werden. A) Wie genau zeigt sich der Konflikt? Wer verhält sich wie? B) Worin liegt die Ursache für die Konfliktsituation? Welche Bedürfnisse haben die Konfliktparteien?

2. Schritt: Lösungsvorschläge machen

Im nächsten Schritt des Prozesses machen die Konfliktpartien Lösungsvorschläge für den Konflikt. Dies geschieht in Form eines Brainstormings, an dem alle Konfliktpartner beteiligt sind. In dieser Phase sollen die Vorschläge noch nicht kommentiert oder bewertet werden; jeder Vorschlag ist gleich wertvoll und wird in eine Liste möglicher Lösungen aufgenommen.

3. Schritt: Lösungsvorschläge bewerten

Die Konfliktpartner bewerten die Lösungsvorschläge anschließend. Was spricht für einen Lösungsvorschlag? Welche Kräfte oder Umstände unterstützen ihn? Was spricht gegen einen Vorschlag? Welche Kräfte behindern ihn? Die Pro- und Contra-Argumente werden gewichtet.

4. Schritt: Den besten Lösungsvorschlag auswählen

Anhand der vorgenommenen Wertungen und Gewichtungen benennen die Beteiligten den besten Lösungsvorschlag. Die Auswahl der besten Lösung geschieht einvernehmlich und mit voller Akzeptanz der Konfliktparteien.

5. Schritt: Den besten Lösungsvorschlag in die Praxis umsetzen

Zu wissen, wie es geht, bedeutet noch nicht, es auch zu tun. Die Konfliktparteien bestimmen deshalb genau, wie der ausgewählte Lösungsvorschlag in die Praxis umgesetzt werden soll. *Wer soll etwas tun? Was soll der Betreffende tun? Wann soll er es tun? Wie soll er es machen? Wie können wir feststellen, ob die Umsetzung erfolgreich war? Wann sollen wir das Ergebnis prüfen?* sind Fragen, die an dieser Stelle zu beantworten sind. Am Ende dieser Phase weiß jeder Konfliktpartner, *was* er in Zukunft genau *wie* anders machen muss, um den Konflikt zu lösen.

6. Schritt: Die Lösungsergebnisse prüfen

Zum festgelegten Zeitpunkt prüfen die Konfliktpartner das Ergebnis der Konflikt-Lösung. Ist es gelungen, den Konflikt beizulegen? Bleiben Fragen oder Probleme offen? Welche? Stellen die Beteiligten fest, dass der Konflikt noch nicht zur Zufriedenheit aller behoben ist, müssen sie die 6 Schritte des Konfliktlösungsprozesses noch einmal durchlaufen. Dies geschieht solange, bis alle Beteiligten mit der Prüfung des Ergebnisses einverstanden sind.

Konflikt-Lösung in 6 Schritten

1. Konflikt genau beschreiben
2. Lösungsvorschläge machen
3. Bewertung der Lösungsvorschläge durchführen
4. Lösung auswählen
5. Lösung planen und ausführen
6. Ergebnis prüfen

Abbildung 4: Strategie zur Konflikt-Lösung

Wie nutzt man während eines Konfliktlösungsprozesses die Sprache?

Die Gesprächspartner benutzen ständig die Sprache, während sie einen Konflikt lösen. Die Sprache ist das wichtigste Hilfsmittel, um einen Konflikt sinnvoll zu bewältigen. Daher sollten sich die Konfliktpartner auch stets der Sprache bewusst sein, die sie wählen. Die Sprache muss im Laufe des Konfliktlösungsprozesses so verwendet werden, dass sie dem Prozess dient und ihn nicht behindert. Die folgende Liste enthält einige Tipps, die helfen, die Sprache während der Konfliktlösung angemessen einzusetzen und dadurch schneller zu Ergebnissen zu kommen (vgl. a. Neubauer 1988b u. c).

Regeln für den kommunikativen Lösungsprozess

1. *Glauben Sie an eine Lösung des Konflikts!*

Gehen Sie nur dann in ein Konfliktlösungsgespräch, wenn Sie an die Lösung des Konflikts glauben. Der Glaube an die Möglichkeit, den Konflikt zu bewältigen, versetzt Berge. Negative Grundüberzeugungen dagegen machen Sie inflexibel und führen zu destruktivem Verhalten auf allen Seiten.

2. *Stellen Sie Rapport her!*

Nehmen Sie Kontakt mit Ihrem Gesprächspartner auf und stellen Sie einen guten Draht zu ihm her. Spiegeln Sie seine Körperhaltung, seine Atmung oder alles andere, was Ihnen einfällt und möglich ist. Jede Übereinstimmung, die Sie herstellen, schafft einen besseren Kontakt zu Ihrem Partner.

3. Versetzen Sie sich in die Lage Ihres Partners!

Erleben Sie die Welt und die Konfliktsituation mit den Augen Ihres Partners, hören Sie alles mit seinen Ohren und fühlen Sie so wie er. Je näher Sie Ihrem Partner kommen, desto mehr werden Sie ihn verstehen. Das schafft die Voraussetzung für eine gemeinsam vertretbare Lösung des Konflikts.

4. Bleiben Sie beim aktuellen Konflikt!

Konfrontieren Sie Ihren Partner nicht mit Problemen aus früheren gemeinsamen Erfahrungen, weil dadurch die Situation stark emotionalisiert wird. Je klarer Sie Ihr aktuelles Problem umgrenzen, desto eher werden Sie dafür Lösungen finden.

5. Seien Sie ehrlich!

Formulieren Sie, was Sie wirklich denken und wünschen. Nur so kann Sie Ihr Gesprächspartner rasch verstehen und sich auf Sie und Ihre Bedürfnisse einstellen.

6. Seien Sie offen für Veränderungen!

Hören Sie genau zu, was Ihnen Ihr Partner über seine Sicht der Situation, über seine Bedürfnisse und Wünsche sagt. Bleiben Sie offen für eine Veränderung Ihrer eigenen Perspektive, um ins Gespräch zu kommen.

7. Verwenden Sie Ich-Botschaften!

Sagen Sie das, was Sie sagen, in Ich-Sätzen! Sie vermeiden so überflüssige Beschuldigungen und Interpretationen dessen, was Ihr Partner denkt oder hofft. Ihr Partner fühlt sich weniger angegriffen.

8. Hören Sie aktiv zu!

Spiegeln Sie die inhaltlichen Aussagen Ihres Gesprächspartners ebenso wie dessen Gefühle. Halten Sie sich mit Interpretationen so weit wie möglich zurück. Versuchen Sie zu verstehen, wie Ihr Konfliktpartner die Situation wahrnimmt und erlebt.

Mit der folgenden Übung können Sie auch ohne direkten Konfliktpartner trainieren, wie man einen Konflikt strategisch löst. Simulieren Sie also einen Prozess der Konfliktlösung. Versetzen Sie sich dazu in eine Konflikt-Situation, die Sie mit einer Ihrer Lerngruppen erlebt haben.

Übung

1. Entspannen Sie sich, so gut sie können. Atmen Sie einige Male tief ein und langsam durch den Mund wieder aus. Kommen Sie zur Ruhe. Nehmen Sie sich für diese Übung einige Minuten Zeit.

2. Erinnern Sie eine Konflikt-Situation, die Sie mit einer Ihrer Lerngruppen erlebt haben. Setzen Sie sich dazu in Ihr Lieblingskino und schauen Sie sich einen Film von dem Konflikt auf der Leinwand an. Sie wirken in diesem Film als Hauptdarsteller mit. Dissoziieren Sie also von Ihrer Erinnerung.

3. Bestimmen Sie die Bedürfnisse der Konfliktparteien

A) Wie genau zeigt sich der Konflikt?

- Wie verhalten Sie sich? Wie verhält sich die Klasse, wie verhalten sich bestimmte Schüler? Versetzen Sie sich in die Situation der Schüler.

Ihr Verhalten	Das Verhalten der Klasse / bestimmter Schüler

B) Worin liegt die Ursache für die Konfliktsituation?

- Welche Bedürfnisse haben die Konfliktparteien? Versetzen Sie sich auch hier wiederum in die Lage der Klasse, um zu verstehen, welche Bedürfnisse die Schüler haben (könnten).

Ihre Bedürfnisse	Die Bedürfnisse der Klasse / bestimmter Schüler

4. Entwickeln Sie Lösungsvorschläge! Schreiben Sie alle Lösungsvorschläge für den Konflikt auf, die Ihnen aus Ihrer Sicht und aus der Sicht der Klasse einfallen.

Ihre Lösungen	Die Lösungen der Klasse / bestimmter Schüler

5. Bewerten Sie alle Vorschläge; suchen Sie nach Pro- und Contra-Argumenten. Bringen Sie die Vorschläge anschließend in eine Reihenfolge: Für welchen Vorschlag spricht am meisten usw.?

Die Lösungen nach ihrem Rangplatz
1.
2.
3.
4.

5.
6.

6. Setzen Sie den besten Lösungsvorschlag in die Praxis um. Überlegen Sie, wer, was, wann, wie machen muss, damit der beste Lösungsvorschlag in die Praxis umgesetzt werden kann.

Die Praxis der besten Lösung
Wer?
Was?
Wann?
Wie?

7. Wie stellen Sie die Ergebnisse sicher? Woran genau wollen Sie prüfen, ob der Lösungsvorschlag erfolgreich in die Praxis umgesetzt wurde? Wer soll wann, was, wie machen?

Die Prüfung der besten Lösung
Wer?
Was?
Wann?
Wie?

8. Beenden Sie die Übung. Kommen Sie in das Hier und Jetzt zurück.

2.7. Übungen zu den Konflikt-Lösungen

Im Kapitel 2.6 haben Sie eine Strategie kennen gelernt, Konflikte systematisch zu bearbeiten und zu lösen. Mit dieser Strategie können Sie erreichen, dass alle an einem Konflikt Beteiligten als Gewinner aus der Situation hervorgehen. Dadurch gelingt eine wirkliche Lösung für den Konflikt, die langfristig trägt und keine neuen Probleme schafft. In diesem Abschnitt nun geht es wieder darum, das Erarbeitete auf konkrete Konflikt-Situationen im Schulalltag zu übertragen und zu üben. Dazu nutzen wir die Beispiele aus Kapitel 2.5.

Übung

1. Beispiel

In der Fachkonferenz Mathematik geraten zwei der sieben Kollegen aneinander. Die Frage der Qualitätssicherung ist bei ihnen umstritten: Kollege Bauer möchte darauf verzichten, überprüfbare Kriterien zu erarbeiten, die in Zukunft für die gesamte Fachschaft gelten sollen. Kollege Otto dagegen möchte bereits gemeinsame Klassenarbeiten einführen, die alle Kollegen einer Jahrgangsstufe zur selben Zeit schreiben und mit demselben Maßstab beurteilen sollen. Es entbrennt ein heftiger Streit zwischen den beiden Kollegen; die Meinung der Fachschaft bleibt in der Sache gespalten.

1. Bestimmen Sie die Bedürfnisse der Konfliktparteien

A) Wie genau zeigt sich der Konflikt?

- Wie verhält sich die Fachschaft, wie verhalten sich bestimmte Kollegen? Versetzen Sie sich in die jeweilige Situation.

Das Verhalten der einen Konfliktpartei	Das Verhalten der anderen Konfliktpartei(en)

B) Worin liegt die Ursache für die Konfliktsituation?

- Welche Bedürfnisse haben die Konfliktparteien? Versetzen Sie sich auch hier wiederum in die Lage der Fachschaft und bestimmter Kollegen, um zu verstehen, welche Bedürfnisse sie jeweils haben (könnten).

Die Bedürfnisse der einen Konfliktpartei	Die Bedürfnisse der anderen Konfliktpartei(en)

2. Entwickeln Sie Lösungsvorschläge! Schreiben Sie alle Lösungsvorschläge für den Konflikt auf, die Ihnen aus der Sicht der Fachschaft bzw. bestimmter Kollegen einfallen.

Die Lösungen der einen Konfliktpartei	Die Lösungen der anderen Konfliktpartei(en)

3. Bewerten Sie alle Vorschläge; suchen Sie nach Pro- und Contra-Argumenten. Bringen Sie die Vorschläge anschließend in eine Reihenfolge: Für welchen Vorschlag spricht am meisten usw.?

Die Lösungen nach ihrem Rangplatz
1.
2.
3.
4.

5.	
6.	

4. Setzen Sie den besten Lösungsvorschlag in die Praxis um. Überlegen Sie, wer, was, wann, wie machen muss, damit der beste Lösungsvorschlag in die Praxis umgesetzt werden kann.

Die Praxis der besten Lösung
Wer?
Was?
Wann?
Wie?

5. Wie stellen Sie die Ergebnisse sicher? Woran genau wollen Sie prüfen, ob der Lösungsvorschlag erfolgreich in die Praxis umgesetzt wurde? Wer soll wann, was, wie machen?

Die Prüfung der besten Lösung
Wer?
Was?
Wann?
Wie?

2. Beispiel

Herr Meier macht einen besonders interessanten Erdkundeunterricht. Die Schülerinnen und Schüler lernen viel bei Herrn Meier, weil sie die Lerngegenstände mit allen Sinne erfahren können. Vor allem erwartet Herr Meier von den Jugendlichen, dass sie die Lerninhalte weitgehend selbstständig in Gruppen erarbeiten. Birger hat damit ziemliche Probleme: Er engagiert sich in der Gruppe nicht, lässt die anderen Gruppenmitglieder für sich arbeiten, worüber diese mit Birger ständig in Streit geraten. Herr Meier interveniert dann oft, indem er Birger zum Arbeiten motiviert. Dies aber hat meist nur einen sehr kurzfristigen Erfolg.

1. Bestimmen Sie die Bedürfnisse der Konfliktparteien

A) Wie genau zeigt sich der Konflikt?

- Wie verhält sich die Klasse, wie verhalten sich bestimmte Schüler? Versetzen Sie sich in die Situation der Schüler.

Das Verhalten der einen Konfliktpartei	**Das Verhalten der anderen Konfliktpartei(en)**

B) Worin liegt die Ursache für die Konfliktsituation?

- Welche Bedürfnisse haben die Konfliktparteien? Versetzen Sie sich auch hier wiederum in die Lage der Klasse, um zu verstehen, welche Bedürfnisse die Schüler haben (könnten).

Die Bedürfnisse der einen Konfliktpartei	**Die Bedürfnisse der anderen Konfliktpartei(en)**

2. Entwickeln Sie Lösungsvorschläge! Schreiben Sie alle Lösungsvorschläge für den Konflikt auf, die Ihnen aus der Sicht der Beteiligten einfallen.

Die Lösungen der einen Konfliktpartei	**Die Lösungen der anderen Konfliktpartei(en)**

3. Bewerten Sie alle Vorschläge; suchen Sie nach Pro- und Contra-Argumenten. Bringen Sie die Vorschläge anschließend in eine Reihenfolge: Für welchen Vorschlag spricht am meisten usw.?

Die Lösungen nach ihrem Rangplatz
1.
2.
3.
4.
5.
6.

4. Setzen Sie den besten Lösungsvorschlag in die Praxis um. Überlegen Sie, wer, was, wann, wie machen muss, damit der beste Lösungsvorschlag in die Praxis umgesetzt werden kann.

Die Praxis der besten Lösung
Wer?
Was?
Wann?
Wie?

5. Wie stellen Sie die Ergebnisse sicher? Woran genau wollen Sie prüfen, ob der Lösungsvorschlag erfolgreich in die Praxis umgesetzt wurde? Wer soll wann, was, wie machen?

Die Prüfung der besten Lösung
Wer?
Was?

Wann?
Wie?

3. Beispiel

Frau Sigmund ist Schulleiterin. Heute muss sie wieder einigen Eltern mitteilen, dass ihre Kinder für den Verbleib an der Schule nicht geeignet sind. Die meisten Eltern akzeptieren die Entscheidung der Schule, doch die Mutter von Monika sieht nicht ein, dass ihre Tochter die Schule verlassen soll. Frau Sigmund und Monikas Mutter beziehen ihre unterschiedlichen Standpunkte, eine Annäherung zeichnet sich nicht ab. Schließlich verlässt die Mutter das Dienstzimmer von Frau Sigmund, ohne sich zu verabschieden.

1. Bestimmen Sie die Bedürfnisse der Konfliktparteien

A) Wie genau zeigt sich der Konflikt?

- Wie verhält sich der jeweilige Konfliktpartner? Versetzen Sie sich in deren Situation.

Das Verhalten der einen Konfliktpartei	Das Verhalten der anderen Konfliktpartei(en)

B) Worin liegt die Ursache für die Konfliktsituation?

- Welche Bedürfnisse haben die Konfliktparteien? Versetzen Sie sich auch hier wiederum in die Lage der beteiligten Konfliktpartner, um zu verstehen, welche Bedürfnisse sie haben (könnten).

Die Bedürfnisse der einen Konfliktpartei	Die Bedürfnisse der anderen Konfliktpartei(en)

2. Entwickeln Sie Lösungsvorschläge! Schreiben Sie alle Lösungsvorschläge für den Konflikt auf, die Ihnen aus der Sicht der Beteiligten einfallen.

Die Lösungen der einen Konfliktpartei	Die Lösungen der anderen Konfliktpartei(en)

3. Bewerten Sie alle Vorschläge; suchen Sie nach Pro- und Contra-Argumenten. Bringen Sie die Vorschläge anschließend in eine Reihenfolge: Für welchen Vorschlag spricht am meisten usw.?

Die Lösungen nach ihrem Rangplatz
1.
2.
3.
4.
5.
6.

4. Setzen Sie den besten Lösungsvorschlag in die Praxis um. Überlegen Sie, wer, was, wann, wie machen muss, damit der beste Lösungsvorschlag in die Praxis umgesetzt werden kann.

Die Praxis der besten Lösung
Wer?
Was?
Wann?
Wie?

5. Wie stellen Sie die Ergebnisse sicher? Woran genau wollen Sie prüfen, ob der Lösungsvorschlag erfolgreich in die Praxis umgesetzt wurde? Wer soll wann, was, wie machen?

Die Prüfung der besten Lösung
Wer?
Was?
Wann?
Wie?

4. Beispiel

Herr Klinger ist Schulleiter an einem Gymnasium; er möchte die Stelle des Drogenberatungslehrers neu besetzen. Frau Wiegand hat diese Aufgabe schon seit einigen Jahren ausgefüllt, sie hat aber keine Ausbildung zum Drogenberatungslehrer. Herr Schulze dagegen hat durch mehrere Fortbildungsveranstaltungen die Qualifikation zum Drogenberatungslehrer erworben und soll und will jetzt auch die entsprechende Funktion übernehmen. Frau Wiegand ist mit ihrer Ablösung nicht einverstanden, sie verweist auf ihre langjährige Erfahrung in der Sache und auf ihren erfolgreichen Umgang mit den Schülerinnen und Schülern. Herr Klinger bleibt seiner Entscheidung, Herrn Schulze als Drogenberatungslehrer zu berufen.

1. Bestimmen Sie die Bedürfnisse der Konfliktparteien

A) Wie genau zeigt sich der Konflikt?

- Wie verhalten sich die Konfliktparteien? Versetzen Sie sich in deren jeweilige Situation.

Das Verhalten der einen Konfliktpartei	Das Verhalten der anderen Konfliktpartei(en)

B) Worin liegt die Ursache für die Konfliktsituation?

- Welche Bedürfnisse haben die Konfliktparteien? Versetzen Sie sich auch hier wiederum in die Lage der Konfliktparteien, um zu verstehen, welche Bedürfnisse sie haben (könnten).

Die Bedürfnisse der einen Konfliktpartei	Die Bedürfnisse der anderen Konfliktpartei(en)

2. Entwickeln Sie Lösungsvorschläge! Schreiben Sie alle Lösungsvorschläge für den Konflikt auf, die Ihnen aus der Sicht der Beteiligten einfallen.

Die Lösungen der einen Konfliktpartei	Die Lösungen der anderen Konfliktpartei(en)

3. Bewerten Sie alle Vorschläge; suchen Sie nach Pro- und Contra-Argumenten. Bringen Sie die Vorschläge anschließend in eine Reihenfolge: Für welchen Vorschlag spricht am meisten usw.?

Die Lösungen nach ihrem Rangplatz
1.
2.
3.
4.
5.
6.

4. Setzen Sie den besten Lösungsvorschlag in die Praxis um. Überlegen Sie, wer, was, wann, wie machen muss, damit der beste Lösungsvorschlag in die Praxis umgesetzt werden kann.

Die Praxis der besten Lösung
Wer?
Was?
Wann?
Wie?

5. Wie stellen Sie die Ergebnisse sicher? Woran genau wollen Sie prüfen, ob der Lösungsvorschlag erfolgreich in die Praxis umgesetzt wurde? Wer soll wann, was, wie machen?

Die Prüfung der besten Lösung
Wer?
Was?
Wann?
Wie?

5. Beispiel

Frau Schiefer hat immer wieder Probleme mit Robert, einem Schüler ihrer Klasse. Robert hat offenbar eine Menge Vorurteile über Ausländer und gerät häufig in Streit mit ihnen. Heute gab es eine Auseinandersetzung mit Mustafa, einem türkischen Schüler. Robert hat Mustafa beleidigt, indem er dessen religiöse Einstellung herabgewürdigt hat. Mustafa hat sich zunächst verbal gewehrt, schließlich aber ist Robert handgreiflich geworden. Daraufhin haben sich die beiden Jungen einen heftigen Kampf geliefert und sich gegenseitig verletzt, bis Frau Schiefer dazu kam und die Streithähne auseinander brachte.

1. Bestimmen Sie die Bedürfnisse der Konfliktparteien

A) Wie genau zeigt sich der Konflikt?

- Wie verhalten sich die Beteiligten? Versetzen Sie sich in deren Situation.

Das Verhalten der einen Konfliktpartei	**Das Verhalten der anderen Konfliktpartei(en)**

B) Worin liegt die Ursache für die Konfliktsituation?

- Welche Bedürfnisse haben die Konfliktparteien? Versetzen Sie sich auch hier wiederum in deren Lage, um zu verstehen, welche Bedürfnisse die Beteiligten haben (könnten).

Die Bedürfnisse der einen Konfliktpartei	**Die Bedürfnisse der anderen Konfliktpartei(en)**

2. Entwickeln Sie Lösungsvorschläge! Schreiben Sie alle Lösungsvorschläge für den Konflikt auf, die Ihnen aus der Sicht der Beteiligten einfallen.

Die Lösungen der einen Konfliktpartei	Die Lösungen der anderen Konfliktpartei(en)

3. Bewerten Sie alle Vorschläge; suchen Sie nach Pro- und Contra-Argumenten. Bringen Sie die Vorschläge anschließend in eine Reihenfolge: Für welchen Vorschlag spricht am meisten usw.?

Die Lösungen nach ihrem Rangplatz
1.
2.
3.
4.
5.
6.

4. Setzen Sie den besten Lösungsvorschlag in die Praxis um. Überlegen Sie, wer, was, wann, wie machen muss, damit der beste Lösungsvorschlag in die Praxis umgesetzt werden kann.

Die Praxis der besten Lösung
Wer?
Was?
Wann?
Wie?

5. Wie stellen Sie die Ergebnisse sicher? Woran genau wollen Sie prüfen, ob der Lösungsvorschlag erfolgreich in die Praxis umgesetzt wurde? Wer soll wann, was, wie machen?

Die Prüfung der besten Lösung
Wer?
Was?
Wann?
Wie?

Tipp:

Wenn Sie die Übung erfolgreich durchgeführt haben, suchen Sie nach anderen Konflikten in Ihrem Leben und bearbeiten Sie sie nach diesem Modell. Versuchen Sie, das Konzept auch in aktuellen Konflikt-Situationen anzuwenden. Notieren Sie alle Schwierigkeiten, die Ihnen dabei auffallen. Gehen Sie danach das Konzept zur Konfliktlösung noch einmal sorgfältig durch.

Raum für Notizen

3.

Zeit-Management

„Das Geheimnis vieler erfolgreicher Zeitmanager ist, dass sie bereits sehr früh morgens entweder zu Hause oder im Büro vor ihrem eigentlichen Arbeitsbeginn eine sehr wichtige Sache erledigt oder zumindest einen entscheidenden Schritt vorangebracht haben. Dieser entscheidende Vorsprung zahlt sich in jedem Fall aus."

(Seiwert 1997b, 317)

3.1. Fragebogen zum Umgang mit Zeit-Problemen

Im Kapitel 3 „Zeit-Management“ werden Sie genauer erfahren, wie Zeit-Probleme entstehen, welche Gründe es dafür gibt, in Zeit-Probleme zu geraten, und Sie werden lernen, wie Sie mit Ihren persönlichen Zeit-Problemen in Zukunft besser umgehen können. Zu Beginn sollten Sie sich aber erst einmal Gedanken machen über Ihre Einstellung zu Ihrem persönlichen Zeit-Management und Ihre Fähigkeiten zur Bewältigung von Zeit-Problemen. Dazu dienen wiederum 30 Fragen.

Beantworten Sie die Fragen nach folgendem *Beispiel*:

Ich kann meine Zeit gut einteilen.

stimmt nicht *stimmt zum Teil* *stimmt genau*

-5	-4	-3	-2	-1	0	+1	+2	+3	+4	+5
	X									

Die Antwort „-4““ bedeutet: Nein, ich bin fast überhaupt nicht in der Lage meine Zeit einzuteilen.

Am Ende des Abschnitts können Sie dann wieder mit einem Auswertungsbogen ermitteln, wie gut Ihre *Fähigkeit zur Lösung von Zeit-Problemen* entwickelt ist. Und hier die Fragen:

1. Ich kann Zeit-Probleme gut aushalten; ich fühle mich wenig gestresst, wenn ich unter Zeitdruck gerate.

stimmt nicht *stimmt zum Teil* *stimmt genau*

-5	-4	-3	-2	-1	0	+1	+2	+3	+4	+5

2. Ich kann Zeit-Probleme rasch erkennen und reagiere dann darauf.

stimmt nicht *stimmt zum Teil* *stimmt genau*

-5	-4	-3	-2	-1	0	+1	+2	+3	+4	+5

3. Ich kann auch unter Zeitdruck meine Arbeit effektiv gestalten. Ich bin dabei ziemlich erfolgreich.

stimmt nicht *stimmt zum Teil* *stimmt genau*

-5	-4	-3	-2	-1	0	+1	+2	+3	+4	+5

4. Auch wenn ich in einem Zeitdilemma stecke, sind mit andere Menschen und deren Interessen nicht unwichtig.

stimmt nicht *stimmt zum Teil* *stimmt genau*

-5	-4	-3	-2	-1	0	+1	+2	+3	+4	+5

5. Ich weiß, dass das Bewältigen von Zeit-Problemen verschiedene Fähigkeiten voraussetzt; ich habe mich schon einmal damit theoretisch beschäftigt.

stimmt nicht *stimmt zum Teil* *stimmt genau*

-5	-4	-3	-2	-1	0	+1	+2	+3	+4	+5

6. Wenn ich mich in einem Zeit-Konflikt befinde, möchte ich immer sehr schnell zu einer Lösung kommen. Ich wende dann immer rasch Strategien zur Lösung des Problems an.

stimmt nicht *stimmt zum Teil* *stimmt genau*

-5	-4	-3	-2	-1	0	+1	+2	+3	+4	+5

7. Ich bin fähig, Spannungen, die durch Zeit-Probleme entstehen, auszuhalten, bemühe mich aber in jedem Fall darum, wichtige Dinge auch unter Zeitdruck nicht aus den Augen zu verlieren und gut zu erledigen. Das fällt mir aber nicht immer leicht.

stimmt nicht *stimmt zum Teil* *stimmt genau*

-5	-4	-3	-2	-1	0	+1	+2	+3	+4	+5

8. Ich kann gut Wichtiges von Unwichtigem unterscheiden. Das haben mir andere schon oft bestätigt.

stimmt nicht *stimmt zum Teil* *stimmt genau*

-5	-4	-3	-2	-1	0	+1	+2	+3	+4	+5

9. Ich erlebe Zeit-Probleme als Herausforderung und als Chance, über meine Situation nachzudenken und in Zukunft so zu handeln, dass solche Probleme seltener entstehen.

stimmt nicht *stimmt zum Teil* *stimmt genau*

-5	-4	-3	-2	-1	0	+1	+2	+3	+4	+5

10. Wenn ich Bedürfnisse habe, die ich wegen bestimmter Zeit-Probleme nicht befriedigen kann, reagiere ich auf dieses Problem und überdenke meine Zeit-Planung.

stimmt nicht *stimmt zum Teil* *stimmt genau*

-5	-4	-3	-2	-1	0	+1	+2	+3	+4	+5

11. In der Freizeit habe ich keine Zeit-Probleme.

stimmt nicht *stimmt zum Teil* *stimmt genau*

-5	-4	-3	-2	-1	0	+1	+2	+3	+4	+5

12. Meine Freizeit ist immer vollständig verplant. Das finde ich gut; denn so kommt in der Zeit keine Langeweile auf.

stimmt nicht *stimmt zum Teil* *stimmt genau*

-5	-4	-3	-2	-1	0	+1	+2	+3	+4	+5

13. Wenn ich mich in einem Zeit-Konflikt befinde, habe ich keine Angst davor, dass ich meine Aufgaben nicht alle gut bewältigen kann.

stimmt nicht *stimmt zum Teil* *stimmt genau*

-5	-4	-3	-2	-1	0	+1	+2	+3	+4	+5

14. Ich weiß, dass in der Schule sehr viele Zeit-Probleme entstehen, weil zu viel gleichzeitig von mir verlangt wird. Ich kann diese Probleme nicht alle lösen; wich-

tige Zeit-Probleme gehe ich aber immer sofort aktiv an, um noch größere Schwierigkeiten aktiv zu vermeiden.

stimmt nicht *stimmt zum Teil* *stimmt genau*

-5	-4	-3	-2	-1	0	+1	+2	+3	+4	+5

15. Nicht nur mit Kollegen, sondern auch mit Schülern bin ich bereit, über Zeit-Probleme zu sprechen.

stimmt nicht *stimmt zum Teil* *stimmt genau*

-5	-4	-3	-2	-1	0	+1	+2	+3	+4	+5

16. Ich weiß ziemlich genau, was ich im Leben will, welche Ziele ich in meinem Beruf und im Privatleben verfolgen möchte. Dieses Wissen ist mir eine große Hilfe, im Einzelfall zu bestimmen, wie viel Zeit ich wofür investieren möchte.

stimmt nicht *stimmt zum Teil* *stimmt genau*

-5	-4	-3	-2	-1	0	+1	+2	+3	+4	+5

17. Mir ist bewusst, dass ich durch die Bewältigung von Zeit-Problemen auf Dauer kompetenter werde, mein Verhalten zu optimieren.

stimmt nicht *stimmt zum Teil* *stimmt genau*

-5	-4	-3	-2	-1	0	+1	+2	+3	+4	+5

18. Ich weiß, dass ich nicht allen Anforderungen gerecht werden kann, die an mich gestellt werden. Deshalb finde ich es richtig, an bestimmten Stellen „Nein!" zu sagen. Ich weiß auch ziemlich genau, an welchen Stellen.

stimmt nicht *stimmt zum Teil* *stimmt genau*

-5	-4	-3	-2	-1	0	+1	+2	+3	+4	+5

19. Wenn ich zu sehr viel Arbeit mit Korrekturen und Unterrichtsvorbereitungen noch weiteres tun soll, reagiere ich meist gelassen. Ich weiß, wie ich mit solchen Zeitansprüchen umgehen muss, um mich nicht selbst zu überfordern und den gestellten Anforderungen zu genügen.

stimmt nicht *stimmt zum Teil* *stimmt genau*

-5	-4	-3	-2	-1	0	+1	+2	+3	+4	+5

20. Mir ist bewusst, dass manche Aufgaben zum Zeit-Killer werden können, wenn ich nicht diszipliniert arbeite. Da muss da auch schon mal ein Tennisspiel ausfallen.

stimmt nicht *stimmt zum Teil* *stimmt genau*

-5	-4	-3	-2	-1	0	+1	+2	+3	+4	+5

21. Im Falle von Zeit-Problemen bleibe ich mir meiner Ziele stets bewusst und versuche sie weiterhin zu erreichen.

stimmt nicht *stimmt zum Teil* *stimmt genau*

-5	-4	-3	-2	-1	0	+1	+2	+3	+4	+5

22. Ich bin bereit, im Falle von Zeit-Problemen auch Anteile meiner Interessen fallen zu lassen, wenn ich dafür andere Aufgaben angemessen erledigen kann.

stimmt nicht *stimmt zum Teil* *stimmt genau*

-5	-4	-3	-2	-1	0	+1	+2	+3	+4	+5

23. Ich lasse mir in Situationen, in denen ich bereits Zeit-Probleme habe, nicht noch mehr unwichtige Aufgaben aufhalsen.

stimmt nicht *stimmt zum Teil* *stimmt genau*

-5	-4	-3	-2	-1	0	+1	+2	+3	+4	+5

24. Wenn es darauf ankommt, kann ich Teile meiner Aufgaben gut delegieren. Ich nütze diese Möglichkeit der Entlastung, wann immer es geht.

stimmt nicht *stimmt zum Teil* *stimmt genau*

-5	-4	-3	-2	-1	0	+1	+2	+3	+4	+5

25. Ich weiß, dass man heute besorgen sollte, was man heute besorgen kann. Das Aufschieben von Aufgaben wird auf Dauer Zeit-Probleme mit sich bringen, die ich nicht haben möchte.

stimmt nicht *stimmt zum Teil* *stimmt genau*

-5	-4	-3	-2	-1	0	+1	+2	+3	+4	+5

26. Mir ist klar, dass Zeit-Probleme gerade durch eine mangelhafte Planung der Aktivitäten entstehen. Deshalb kenne ich verschiedene Möglichkeiten der Arbeitsorganisation und wende sie auch an.

stimmt nicht *stimmt zum Teil* *stimmt genau*

-5	-4	-3	-2	-1	0	+1	+2	+3	+4	+5

27. Ich weiß einiges über biologische Rhythmen: Man kann eben nicht zu jeder Zeit des Tages gleich gut arbeiten. Ich berücksichtige diese Einsichten bei meiner Arbeitsorganisation und weiß, dass ich dadurch Zeit-Probleme vermeide.

stimmt nicht *stimmt zum Teil* *stimmt genau*

-5	-4	-3	-2	-1	0	+1	+2	+3	+4	+5

28. Meine Zeitplanung ist nicht nur kurzfristig: Ich weiß, was ich mittel- und langfristig in meinem Beruf und in meinem Privatleben will. Diese Zielvorstellungen prägen die Art, wie ich kurzfristige Aufgaben einschätze und bewältige.

stimmt nicht *stimmt zum Teil* *stimmt genau*

-5	-4	-3	-2	-1	0	+1	+2	+3	+4	+5

29. Mir ist bewusst, mein Verhalten wird sich automatisch ändern, wenn ich eine langfristige Zeit-Planung internalisiert habe.

stimmt nicht *stimmt zum Teil* *stimmt genau*

-5	-4	-3	-2	-1	0	+1	+2	+3	+4	+5

30. Zeit ist wertvoll: Auch nichts zu tun kann sehr wichtig sein.

stimmt nicht *stimmt zum Teil* *stimmt genau*

-5	-4	-3	-2	-1	0	+1	+2	+3	+4	+5

Auswertungsbogen

Tragen Sie hier die angekreuzten Punktwerte der 30 Fragen ein. Verbinden Sie dann die Ergebnisse der einzelnen Frage mit einer Linie: Ihr Profil in Bezug auf die Fähigkeit mit Zeit-Problemen umzugehen. Je mehr die Linie im rechten positiven Bereich liegt, desto besser ist diese Fähigkeit bei Ihnen entwickelt.

Nr.	-5	-4	-3	-2	-1	0	+1	+2	+3	+4	+5
1											
2											
3											
4											
5											
6											
7											
8											
9											
10											
11											
12											
13											
14											
15											
16											
17											
18											
19											
20											
21											
22											
23											
24											
25											
26											
27											
28											
29											
30											

3.2. Struktur von Zeit-Problemen

Nehmen Sie folgendes Beispiel: Dienstags haben Sie sechs Stunden Unterricht, keine Freistunde und in der ersten großen Pause noch eine Aufsicht auf dem Schulhof. Für die zweite große Pause haben Sie sich vorgenommen, noch einige Kopien für Ihren Unterricht anzufertigen und ein Formular im Sekretariat auszufüllen, auf das man dort schon seit gestern wartet. Heute klappt alles, wie am Schnürchen. Um 13.15 Uhr beenden Sie Ihre letzte Unterrichtsstunde, setzen sich ins Auto und fahren heim. Zuhause warten weitere Aufgaben auf Sie: Sie kochen, essen gemeinsam mit der Familie und gehen dann einkaufen. Abends haben sich Freunde angesagt, mit denen Sie ausgehen wollen. Als die Freunde vor der Tür stehen, fällt Ihnen ein: Sie haben Ihrer Klasse angekündigt, morgen eine Deutscharbeit schreiben zu lassen. Und die haben Sie noch nicht vorbereitet. Den ganzen Abend müssen Sie daran denken, dass Sie die Arbeit noch vorbereiten müssen. Ihren Freunden fällt auf, dass Sie mit Ihren Gedanken häufig nicht bei der Sache sind. Alle sind ein bisschen missmutig! Zu Hause angekommen bereiten Sie endlich die Klassenarbeit vor – und natürlich auch noch die fünf Unterrichtsstunden, die Sie morgen geben müssen. Wieder fallen Sie todmüde ins Bett. Und diese Erfahrung wird sich wahrscheinlich morgen wiederholen.

Schule ist für die Lehrer in den letzten Jahren anstrengender geworden; die Ansprüche an den Lehrerberuf sind stetig gewachsen. Mehr Verwaltungsaufwand, verschiedene außerunterrichtliche Aktivitäten, das Entwickeln von Schulprogrammen und unbezahlte Mehrarbeit erhöhen die Belastung des einzelnen Lehrers beachtlich. So mancher fühlt sich da gestresst, ausgebrannt, möchte lieber heute als morgen aussteigen, um so in ruhigeres Fahrwasser zu gelangen. Wieder andere wollen nicht so schnell aufgeben, machen sich Gedanken, wie sie mit dem täglichen Stress besser umgehen und fertig werden können.

Das Tätigkeitsfeld eines Lehrers ist vielschichtig: Lehrer unterrichten nicht nur, sie führen Gespräche mit Kollegen, mit Eltern, sie beraten Schülerinnen und Schüler, sie korrigieren Klassenarbeiten und nehmen Prüfungen ab. Alle diese Aufgaben benötigen Zeit. Und Zeit wird schnell knapp für den, der mit ihr nicht umzugehen weiß. Wer mit seiner Zeit nicht sinnvoll haushält, wird bald überfordert sein und wenig Erfolg haben. Ein optimales Zeit-Management ist das A und O für den strategischen Einsatz der persönlichen Arbeitsressourcen.

- **Was aber ist nun eigentlich diese „Zeit“, von der die meisten Menschen nicht genug haben?**

Zeit lässt sich nur indirekt erschließen. So beobachten wir, dass sich Lebewesen und unsere Umwelt verändern, dass sie wachsen, erblühen und vergehen. Aus diesen Veränderungsprozessen schließen wir auf die abgelaufene Zeit. Auch unsere Uhren zeigen nicht direkt die Zeit; sie zeigen unterschiedliche Zeigerstellungen, und wiederum leiten wir aus der Veränderung der Zeigerpositionen die jeweils vergangene Zeit ab. Zeit kann man nicht anhalten, man kann sie nicht festhalten und Zeit kann man nicht verschenken. Zeit vergeht – unwiederbringlich! Zeit ist für den Menschen nicht verfügbar, wodurch sie zum Phänomen wird.

Unter psychologischen Gesichtspunkten ist das objektive Messen von Zeit weniger bedeutsam; hier schenkt man dem Zeiterleben besondere Aufmerksamkeit. Dabei spielen die drei Dimensionen der Zeit eine Rolle: Vergangenheit, Gegenwart und Zukunft (s. Abb. 1). In der Vergangenheit sind die Erinnerungen abgelegt, die Gegenwart markiert das aktuelle Sein und Empfinden und die Zukunft repräsentiert unser Hoffen und Wünschen. Das jeweils aktuelle Zeiterleben im Hier und Jetzt ist sehr abhängig von dem Grad der Aktivierung, den der betreffende Mensch gerade erfährt.

Hochgradig motivierte Menschen beispielsweise haben kaum noch ein bewusstes Zeitempfinden, für gelangweilte Menschen dagegen scheint sich die Zeit endlos zu dehnen.

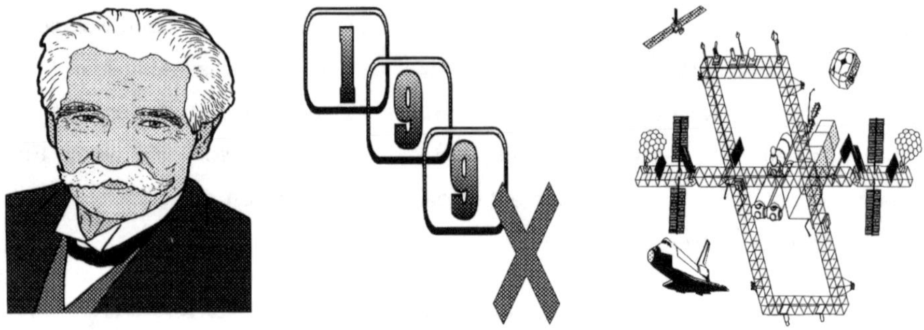

Vergangenheit *Gegenwart* *Zukunft*

Abbildung 2: Die Dimensionen der Zeit

Im Berufsalltag mancher Lehrer spielt gerade die Zeit eine Rolle, die scheinbar nicht vorhanden ist: Wieder einmal ist da einer nicht zur Korrektur einer Arbeit gekommen, der Unterricht ist auch nur unzureichend vorbereitet, weil wieder einmal die Zeit dafür fehlte. Doch da gibt es auch andere Kollegen: Sie haben ihren Job offensichtlich voll im Griff, geben Klausuren immer schon in der nächsten Stunde nach der Arbeit zurück, machen gut vorbereiteten Unterricht und haben dennoch genug Freizeit. Was können diese Lehrer, was die mit zu wenig Zeit nicht können? Erfolgreiche Lehrer haben ein gutes Zeit-Management. Sie wissen, wie man mit der Zeit umgeht, so dass sie einem nicht davonläuft. Und Sie wissen: Jeder hat genügend Zeit; es kommt nur darauf an, wofür er sie einsetzt.

Ein effizientes Zeit-Management setzt die Kenntnis darüber voraus, welche Struktur Zeit-Probleme haben können. Die Struktur der eigenen Zeit-Probleme ermittelt man durch eine Art Zeit-Inventur, die dazu verhilft, den unnötigen Zeitverbrauch festzustellen. Machen Sie für sich die Probe aufs Exempel und bearbeiten sie die folgende Übung:

Übung

- Wählen Sie einen Wochentag aus und tragen Sie sämtliche Tätigkeiten und die dafür verwendete Zeit in den folgenden Bogen ein.

Tätigkeiten	Verbrauchte Zeit in Minuten

- Fertigen Sie nun für denselben Tag ein Protokoll der Störungen und Zeitverluste an. So stellen Sie die Fehler Ihres persönlichen Zeit-Managements fest.

Dauer in Minuten	Störungen	Gründe

Ihre Gründe für Zeitverluste werden sich wahrscheinlich mit vielem decken, wodurch Menschen allgemein an einem vernünftigen Umgang mit der Zeit gehindert werden. Besonders häufig kommen die folgenden fünf Zeit-Fresser vor:

Zeit-Fresser

- ❑ **mangelnde Zielklärung**
- ❑ **mangelnde Planung zum Erreichen der Ziele**
- ❑ **mangelndes Setzen von Prioritäten**
- ❑ **mangelnde Berücksichtigung des Bio-Rhythmus**
- ❑ **mangelndes Delegieren von Aufgaben**

Zu den Zeit-Fressern im einzelnen:

1. Zielklärung

Wer nicht weiß, wohin er will, muss sich nicht wundern, wenn er dort ankommt, wo er nicht hin wollte. Eine genaue Zielklärung bewirkt Motivation beim Handelnden, vorausgesetzt, das Ziel hat eine hinreichende Attraktivität. Jemand, der eine präzise Zielvorstellung hat, entwirft sein Leben auf die Zukunft hin und erreicht diese Zukunft auch leichter und schneller.

2. Planung zum Erreichen der Ziele

Wer nicht plant, muss sich nicht wunder, dass die Umstände ihn verplanen. Eine genaue Planung des Weges zum Ziel schafft einen Überblick über das, was schon erreicht ist, und das, was noch zu tun bleibt. Die Planung hilft, die arbeitsmäßige Belastung in Grenzen zu halten und setzt über die hilft, Möglichkeit der Selbstverstärkung Kräfte frei.

3. Setzen von Prioritäten

Wer nicht entscheidet, was wichtig und was unwichtig ist, muss sich nicht wundern, dass die Situation auch ohne ihn entschieden wird. Das Setzen von Prioritäten hilft, Termine einzuhalten, verringert den Stress, dadurch werden die Arbeitsergebnisse effektiver und Konflikte vermieden.

4. Berücksichtigung des Bio-Rhythmus

Wer seinem Körper mehr zumutet, als er vertragen kann, muss sich nicht wundern, wenn sein Körper streikt. Das Verstehen und geschickte Nutzen des eigenen Bio-Rhythmus trägt dazu bei, die persönlichen Ressourcen den täglichen Hochs und Tiefs angemessen zu nutzen, ohne dem Körper zu schaden.

5. Delegieren von Aufgaben

Wer alles selbst machen will, muss sich nicht wundern, wenn er vieles will, aber nur manches schafft. Das Delegieren von Aufgaben, die man sinnvoll abgeben kann, hilft, sich selbst zu entlasten und andere in die Bewältigung der persönlichen Aufgaben einzubeziehen.

3.3. Übungen zur Struktur von Zeit-Problemen

Im letzten Kapitel haben Sie die fünf Grundbausteine kennen gelernt, die die Struktur von Zeit-Problemen ausmachen. In diesem Abschnitt können Sie anhand einiger Übungen trainieren, mit diesen Elementen systematisch umzugehen. Probieren Sie es aus. Die erste Übung beschäftigt sich mit dem Problem der Ziel-Klärung.

Übung

Erinnern Sie eine Situation in Ihrem beruflichen Alltag (oder in Ihrem privaten Bereich), in der Sie ein Zeit-Problem hatten oder haben. Schauen Sie sich die Situation von außen als Zuschauer an; setzen Sie sich dazu in Ihr Lieblingskino und betrachten Sie einen Film von der Situation mit dem Zeit-Problem. Beantworten Sie sich im Geiste folgende Fragen:

- Welches Ziel hatten / haben Sie in der Situation?
- Was tun Sie, um dieses Ziel zu erreichen?
- Woran erkennen Sie, dass Sie das Ziel aus eigenem Antrieb und mit eigenen Mitteln erreichen können?
- Wie gut ist das, was Sie tatsächlich tun, geeignet, das Ziel zu erreichen?
- Wie motiviert sind Sie, das Ziel zu erreichen?
- Woran erkennen Sie, dass Sie für das Ziel motiviert waren / sind?
- Wie genau wissen Sie, was Sie für das Erreichen des Ziels bis wann getan haben müssen?
- Welche Schlüsse ziehen Sie aus Ihren Antworten a) für Ihr Ziel, b) für das Zeit-Management in Bezug auf das Ziel?

....

....

Die folgende Übung beschäftigt sich mit dem Problem der Ziel-Planung.

Übung

Erinnern Sie eine Situation in Ihrem beruflichen Alltag (oder in Ihrem privaten Bereich), in der Sie ein Zeit-Problem hatten oder haben. Schauen Sie sich die Situation von außen als Zuschauer an; setzen Sie sich dazu in Ihr Lieblingskino und betrachten Sie einen Film von der Situation mit dem Zeit-Problem. Beantworten Sie sich im Geiste folgende Fragen:

- Welches Ziel hatten / haben Sie in der Situation?

....

....

- Wie weit sind Sie vom Erreichen Ihres Ziels entfernt?

....

....

- Was haben Sie in Bezug auf Ihr Ziel bereits erreicht?

....

....

- Was haben Sie in Bezug auf Ihr Ziel noch nicht erreicht?

....

....

- Welche Fähigkeiten, Kenntnisse und Erfahrungen brauchen Sie, um Ihrem Ziel näher zu kommen?

....

....

- Welche zum Erreichen des Ziels notwendigen Fähigkeiten, Kenntnisse und Erfahrungen haben Sie bereits, welche noch nicht?

....

....

- Wie können Sie sich die noch nicht vorhandenen Fähigkeiten, Kenntnisse und Erfahrungen aneignen?

....

....

- Wer kann Ihnen dabei helfen, diese Fähigkeiten zu erwerben? Woher wissen Sie das?

....

....

- Welche Schlüsse ziehen Sie aus Ihren Antworten a) für Ihr Ziel, b) für das Zeit-Management in Bezug auf das Ziel?

....

....

....

In der nächsten Übung geht es um das Setzen von Prioritäten.

Übung

Erinnern Sie eine Situation in Ihrem beruflichen Alltag (oder in Ihrem privaten Bereich), in der Sie ein Zeit-Problem hatten oder haben. Schauen Sie sich die Situation von außen als Zuschauer an; setzen Sie sich dazu in Ihr Lieblingskino und betrachten Sie einen Film von der Situation mit dem Zeit-Problem. In dem Film spielen Sie selbst als Hauptdarsteller mit. Beantworten Sie sich im Geiste folgende Fragen:

⇨ Tipp:
Ein Partner kann Ihnen bei der Durchführung der Übung helfen und die notwendigen Notizen anfertigen, so dass Sie sich ganz auf Ihre Vorstellungen konzentrieren können.

- Welche Ziele hatten / haben Sie in der Situation?

....

....

- Welches Ihrer Ziele ist in der Situation das wichtigste, das zweitwichtigste usw.? Warum?

....

....

- Welches Ihrer Ziele ist in der Situation das am wenigsten wichtige? Warum?

....

....

....

....

- Wie haben Sie Ihren Zeit-Einsatz im Verhältnis zur Wichtigkeit Ihrer Ziele geordnet?

....

....

- Wie könnten Sie Ihren Zeit-Einsatz noch besser unter Berücksichtigung der Gewichtung Ihrer Ziele planen?

....

....

- In welcher Reihenfolge wenden Sie sich Ihren Zielen zu? Welches Ziel bearbeiten Sie zuerst, welches an zweiter Stelle usw.?

....

....

- Wie viele Dinge machen Sie gleichzeitig, um unterschiedliche Ziele zu erreichen?

....

....

- Welche Schlüsse ziehen Sie aus Ihren Antworten a) für Ihr Ziel, b) für das Zeit-Management in Bezug auf das Ziel?

....

....

....

Die nächste Übung geht auf den Bio-Rhythmus ein. Lassen Sie sich – wenn möglich – von einem Partner durch die Übung führen, der auch die erforderlichen Notizen machen kann.

Übung

Erinnern Sie eine Situation in Ihrem beruflichen Alltag (oder in Ihrem privaten Bereich), in der Sie ein Zeit-Problem hatten oder haben. Schauen Sie sich die Situation von außen als Zuschauer an; setzen Sie sich dazu in Ihr Lieblingskino und betrachten Sie einen Film von der Situation mit dem Zeit-Problem. Beantworten Sie sich im Geiste folgende Fragen:

- Welches Ziel hatten / haben Sie in der Situation?

....

....

- Wie gut fühlen Sie sich in der Situation? Wie leistungsbereit sind Sie?

....

....

- Zu welcher Tageszeit spielt die Situation und wie leistungsbereit sind Sie gewöhnlich zu dieser Zeit?

....

....

- Zu welcher anderen / zu welchen anderen Tageszeit(en) sind Sie nach Ihrer Erfahrung leistungsbereiter?

....

....

- Welche Schlüsse ziehen Sie aus Ihren Antworten a) für Ihr Ziel, b) für das Zeit-Management in Bezug auf das Ziel?

....

....

....

Die letzte Übung in diese Kapitel beschäftigt sich mit dem Delegieren von Aufgaben. Günstig ist es, wenn Ihnen ein Partner bei der Durchführung der Übung helfen kann, so dass Sie sich ganz auf Ihre internen Repräsentationen konzentrieren können.

Übung

Erinnern Sie eine Situation in Ihrem beruflichen Alltag (oder in Ihrem privaten Bereich), in der Sie ein Zeit-Problem hatten oder haben. Schauen Sie sich die Situation von außen als Zuschauer an; setzen Sie sich dazu in Ihr Lieblingskino und betrachten Sie einen Film von der Situation mit dem Zeit-Problem. Beantworten Sie sich im Geiste folgende Fragen:

- Welches Ziel hatten / haben Sie in der Situation?

....

....

- Wie weit sind Sie vom Erreichen Ihres Ziels entfernt?

....

....

- Was haben Sie in Bezug auf Ihr Ziel bereits erreicht?

....

....

- Was haben Sie in Bezug auf Ihr Ziel noch nicht erreicht?

....

....

- Wer könnte Ihnen beim weiteren Erreichen des Ziels helfen?

....

....

- Wobei könnten Ihnen die betreffende(n) Person(en) in Bezug auf das Erreichen Ihres Ziels helfen?

....

....

- Wie könnten Sie sicherstellen, dass die betreffende(n) Person(en) Ihnen auch tatsächlich helfen?

....

....

♦ Ab wann können Ihnen diese Personen helfen?

....

....

♦ Welche Schlüsse ziehen Sie aus Ihren Antworten a) für Ihr Ziel, b) für das Zeit-Management in Bezug auf das Ziel?

....

....

....

3.4. Lösungen für Zeit-Probleme

Im Abschnitt 3.2 haben wir uns mit einigen strukturellen Problemen beschäftigt, die eine große Rolle für das Zeit-Management spielen:

- Das Klären von Zielen,
- das Planen der Arbeit,
- das Setzen von Prioritäten,
- das Beachten des Bio-Rhythmus und
- das Delegieren von Teilaufgaben.

In diesem Kapitel geht es darum, Techniken eines effektiven Zeit-Managements vorzustellen.

Wie wird man zum Manager seiner persönlichen Zeit, so dass die vorhandene Zeit ausreicht, um die anstehenden Aufgaben zu bewältigen?

Fünf Faktoren muss man gleichzeitig beachten, will man ein optimales Zeit-Management erreichen:

1. Man muss seine *Ziele* genau kennen.
2. Man muss seine *Aufgaben* genau planen.
3. Man muss *Prioritäten* setzen.
4. Man muss die *Aufgabenfelder* zerlegen.
5. Man muss alle erforderlichen *Ressourcen* haben.
6. Man muss das Erreichen seiner *Ziele prüfen*.

1. Ziele kennen

Arbeiten macht nur Sinn, wenn man weiß wofür. Menschen brauchen Ziele, die sie motivieren. Hat man keine Ziele, wird man sich nicht anstrengen. Man arbeitet dann unkoordiniert und desorientiert, was jede Systematik verhindert. Unsystematisches Arbeiten aber kostet mehr Zeit als systematisches. Man kann mit wenig Zeit sehr viel erreichen, wenn man seine Kräfte auf wenige wichtige, jedoch strategisch erfolgreiche Aktivitäten konzentriert. Viele ahnen dies, dennoch hat so mancher seine Schwierigkeiten, diese Überlegungen auch in den Alltag seiner eigenen Arbeit und in seinem Privatleben umzusetzen.

Sinnvolle Ziele sollten folgende drei Kriterien erfüllen:

Kriterien für Ziele

- **Die Ziele sollten positiv formuliert sein. Also nicht: *„Ich möchte nicht mehr aggressiv sein!"*, sondern: *„Ich möchte gelassen reagieren."***
- **Die Zielvorstellung muss motivierend sein. Die Attraktivität des Ziels entscheidet darüber, wie viel man auch und gerade in Situationen mit Zeit-Problemen für das Ziel tut.**
- **Das Ziel sollte mit eigenen Mitteln erreichbar sein. Auf andere Menschen sollten man sich beim Erreichen von Zielen nur dann verlassen, wenn man sich deren Hilfe wirklich ganz sicher sein kann.**

2. Aufgaben planen

Ein Lehrer muss wissen, wie viel Zeit er für die Korrektur einer Arbeit oder für die Vorbereitung einer Unterrichtsreihe braucht. Die Erfahrung lehrt, wie viel Zeit erforderlich ist, um bestimmte

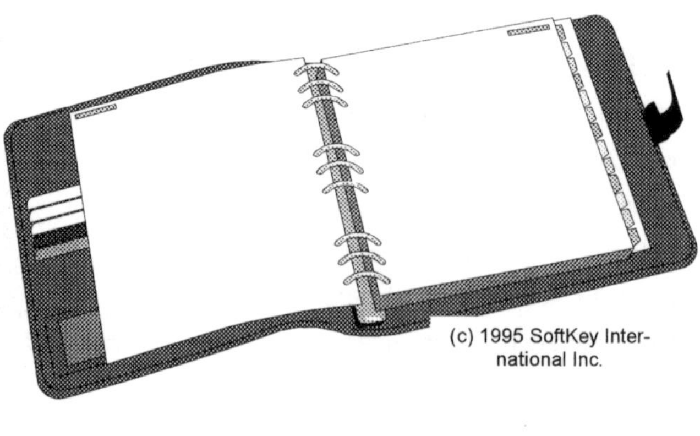

(c) 1995 SoftKey International Inc.

Aufgaben zu bewältigen. Ein Lehrer muss diese Erfahrung nutzen. Die Zeit wird für ihn so kalkulierbar, sie wird planbar. Dies wiederum ist die Voraussetzung dafür zu entscheiden, ob man bestimmte Aufgaben überhaupt übernehmen und anpacken sollte. Vielleicht stellt sich ja heraus, dass die notwendige Zeit einfach nicht vorhanden ist. Man wird weniger frustriert, wenn man schon frühzeitig Aufgaben ablehnt, die man zeitlich nicht erledigen kann.

3. Prioritäten setzen

Man muss *Prioritäten* setzen, will man seine Zeit erfolgreich managen. Eine einfache Kategorisierung tut hier wunder: Sehr wichtiges kommt in die Rubrik A, Wichtiges in die Rubrik B und weniger Wichtiges oder Unwichtiges in die Rubrik C. Diese einfache Aufteilung hilft, manches Unwichtige gleich von vornherein zu lassen und das wirklich Wichtige an den Anfang des Arbeitsprozesses zu stellen (s. Kliebisch / Basten 1997).

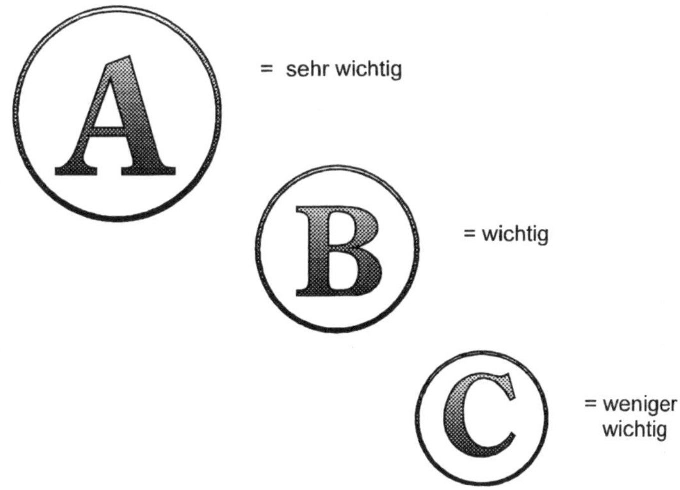

4. Aufgaben zerlegen

Wer einen Elefanten mit einem Biss verspeisen will, muss sich nicht wundern, wenn er erstickt. Größere *Aufgabenfelder* müssen in Teilaufgaben zerlegt werden, wenn man nicht untergehen will. Die Teilaufgaben muss man zeitlich kalkulieren und mit Prioritäten versehen.

Unüberschaubare Aufgabenfelder demotivieren, weil der Eindruck entsteht, die Sache niemals schaffen zu können. Kleinere Einheiten hingegen motivieren, sie erscheinen sofort machbar. Und man hat Erfolgserlebnisse, wenn man die Einheiten in kurzer Zeit abschließt. Erfolgserlebnisse spornen an, die Arbeit geht leichter von der Hand.

5. Ressourcen nutzen

Wer ohne Hilfsmittel fliegen will, muss sich nicht wundern, wenn er eine Bruchlandung macht. Man benötigt *Ressourcen*, um Aufgabenstellungen erfolgreich zu bearbeiten. „Ressourcen sind Kraftquellen, die dem Menschen helfen, gewünschte Ziele zu verwirklichen. Dies können alle denkbaren Arten von Fähigkeiten sein: die Fähigkeit, gespeichertes Wissen nutzbar zu machen oder neues Wissen zu erwerben; die Fähigkeit, sich selbst und andere zu motivieren; die Fähigkeit, bestimmte Handlungen zu planen und konsequent durchzuführen [...] – alles, was potentiell nutzbar gemacht werden kann, ist eine Ressource.“ (Rückerl 1994, 180)

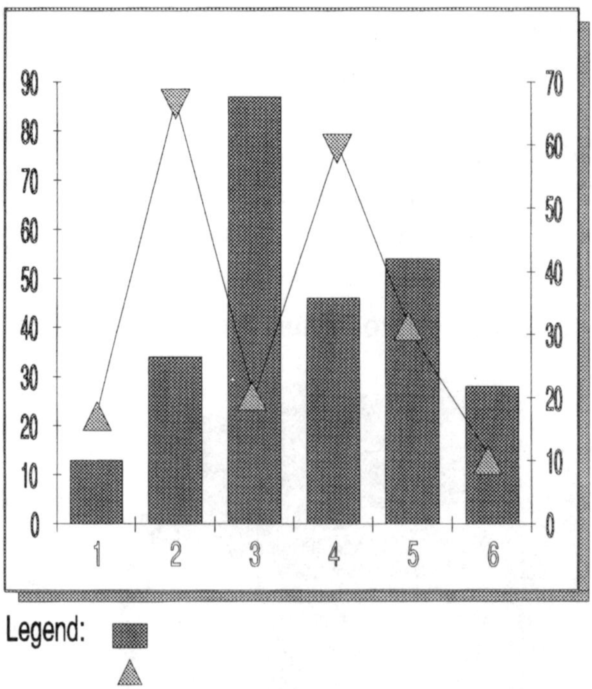

Nicht jeder hat auf Anhieb alle Ressourcen, die er braucht. Oft müssen Menschen erst noch manches lernen, wenn sie eine Sache erfolgreich angehen und lösen wollen. Manchmal müssen Menschen auch lernen, ihr Verhalten zu ändern, um eine Aufgabe zu bewältigen. Eine Verhaltensänderung ist auch dann nötig, wenn man sein persönliches Zeit-Management verbessern will. Daher fällt auch eine Veränderung der persönlichen Zeitplanung unter die Kategorien, die für ein effektives Zeit-Management beachtet werden müssen. Beantworten Sie also folgende Fragen, bevor Sie mit einer Veränderung Ihres Zeit-Managements beginnen. Die Antworten werden Ihnen helfen zu prüfen, ob Sie schon reif sind für diese entscheidende Veränderung in Ihrem Leben. Machen Sie dazu die folgende Übung:

6. Ergebnis prüfen

Wer seine Zeit für eine Aufgabenstellung nicht ergebnisorientiert verwendet, muss sich nicht wundern, wenn es keine oder nur unzureichende Ergebnisse gibt. Das Ziel von Arbeitsprozessen muss klar vor Augen stehen, um am Ergebnis überprüfen zu können, wie die Aufgabe bewältigt wurde. Der zeitliche Aufwand für ein Vorhaben muss am Ergebnis gemessen werden; je weniger Zeit man verwendet und dabei optimale Ergebnisse erzielt, desto effizienter wird eine Aufgabe erledigt. Eine unter diesem Kriterium durchgeführte Analyse des Ergebnisses eines Arbeits- oder Lernprozesses hilft bei der Abschätzung des Aufwands für zukünftige Vorhaben; dadurch werden die Zielorientierung und das Erreichen des Ergebnisses bei neuen Vorhaben schrittweise verbessert.

3.5. Übungen zur Lösung von Zeit-Problemen

Im letzten Kapitel haben Sie einige Bausteine von Zeit-Problemen kennen gelernt. In diesem Abschnitt haben Sie wieder die Möglichkeit zu üben, die Strukturen Ihrer Zeit-Probleme zu analysieren und zu erkennen. Im Kapitel 3.4 zeigen wir Ihnen dann Strategien, die Ihnen helfen, Ihre Zeit-Probleme besser zu bewältigen als bisher.

Entspannen Sie; nehmen Sie sich etwas Zeit und werden Sie sich zunächst klar, was Sie wollen.

Übung

Beantworten Sie folgende Fragen; machen Sie sich Notizen!

- Weshalb will ich mein Zeit-Management verbessern?

  ....

  ....

- Was genau ist mein Ziel in Bezug auf ein verbessertes Zeit-Management?

  ....

  ....

- Wie wichtig ist dieses Ziel in Zukunft für mich? An welchen Stellen?

  ....

  ....

- Was habe ich für die Verbesserung meines Zeit-Managements schon getan?

  ....

  ....

- Was habe ich für die Verbesserung meines Zeit-Managements schon getan?

  ....

  ....

- Was will ich ab heute noch dafür tun?

  ....

  ....

- Was wird sich verändern, wenn ich mein Ziel erreicht habe?

  ....

  ....

Machen Sie sich als nächstes klar, welche Störungen und Ablenkungen Ihnen die meiste Zeit kosten. Suchen Sie nach den Ursachen.

Übung

Beantworten Sie folgende Fragen; machen Sie sich Notizen!

- Welche Störfaktoren hindern Sie am häufigsten dabei, Ihre Ziele in der vorgesehenen Zeit zu erreichen? Finden Sie mindestens fünf Faktoren.

Die häufigsten Störfaktoren
1.
2.
3.
4.
5.
6.

- Ordnen Sie die Störfaktoren, die Sie gefunden haben, der Liste von Kategorien zu, die wir Ihnen jetzt anbieten.

Kategorien	**Störfaktor**
Zeitdruck	
Prioritäten	
Information	
Delegation	
Aufschieberitis	
Zielsetzung	
Selbstdisziplin	
Delegation	
Nein-Sagen	

Konferenzen	
Teamwork	
Motivation	
Vorbereitung	
Korrekturen	

- Stellen Sie fest, welche für Sie die drei wichtigsten Störfaktoren sind. Überlegen Sie dann Maßnahmen, wie Sie diese Störfaktoren in Zukunft vermeiden.

Die 3 wichtigste Störfaktoren
1.
2.
3.

Geeignete Maßnahmen
1.
2.
3.
4.

Die folgende Übung beschäftigt sich mit der Zielklärung.

Übung

Überlegen Sie, an welchem Ihrer Ziele Sie jetzt arbeiten wollen. Formulieren Sie schriftlich das Ziel / Projekt, das Sie sich vorgenommen haben.

....

....

Visualisieren Sie Ihr Ziel; stellen Sie sich vor, wie es ist, wenn Sie jetzt schon am Ziel wären. Schauen Sie genau hin, was Sie sehen, was Sie hören und was Sie fühlen.

Gehen Sie tief in diese Vorstellung hinein, atmen Sie dann tief ein und sprechen Sie im Geiste ein Codewort, das Sie in Zukunft mit der Erfahrung verknüpfen wollen. So stellen Sie sicher, dass bei der Erinnerung an diesen Begriff Ihnen die Ziel-Vorstellung wieder präsent wird.
Beantworten Sie dann die folgenden Fragen zu Ihrem Ziel.

- Wann wollen / müssen Sie Ihr Ziel erreicht haben?

....

....

- Wie können Sie das, was Sie tun müssen, in Teilaufgaben zerlegen?

Teilaufgaben
1.
2.
3.
4.
5.

- Wieviel Zeit benötigen Sie für das Erledigen der Teilaufgaben?

Zeit für die Teilaufgaben
1.
2.
3.

- Welche Ressourcen / Fähigkeiten benötigen sie, um an Ihr Ziel zu kommen?

Ressourcen / Fähigkeiten
1.
2.
3.

- Welche dieser Ressourcen besitzen Sie schon? Welche müssen Sie sich noch aneignen?

Ressourcen / Fähigkeiten	
die ich schon besitze	**die ich noch brauche**

Die nächste Übung beschäftigt sich mit dem Aspekt „Prioritäten setzen".

Übung

In der letzten Übung haben Sie Ihr Ziel benannt und Teilaufgaben formuliert. Ordnen Sie diese Teilaufgaben jetzt nach ihrer Wichtigkeit und den Zeitpunkten, zu denen Sie sie erreicht haben wollen.

Teilaufgaben	
Wichtigkeit	**Zeitpunkt des Erreichens**

- Welche Maßnahmen müssen Sie ergreifen, um die Teilziele zu erreichen?

Maßnahmen
1.
2.
3.

- Überlegen Sie, wann Sie schon einmal erfolgreich ein für Sie wichtiges Ziel erreicht haben? Welche Stärken haben Sie, die Sie beim Erreichen der jetzt wichtigen Teilziele unterstützen? Welche Schwächen haben Sie, die Sie dabei behindern?

Stärken	Schwächen

Mit den beiden folgenden Übung können Sie lernen, die für das Erreichen Ihres Zieles notwendigen Ressourcen zu finden und zu aktivieren.

Übung

- Nehmen Sie an, Sie brauchen zum Erreichen Ihres Ziels folgende Fähigkeiten: Selbstvertrauen, Ausdauer, Flexibilität und Entschlossenheit. Wie schaffen Sie es, diese Fähigkeiten gleichzeitig zur Verfügung zu haben, und zwar immer dann, wenn Sie sich für Ihr Ziel engagieren? Sie können dazu so vorgehen:

- Erinnern Sie eine Situation, in der Sie sehr großes Selbstvertrauen hatten. Erleben Sie die Situation, als ob Sie jetzt noch einmal stattfände. Vergegenwärtigen sich diesen Zustand; beantworten Sie dann im Geiste die folgenden Fragen:
  - Was sehen Sie jetzt?
  - Ist es ein Film oder ein Bild?
  - Ist es eher hell oder eher dunkel, was Sie sehen?
  - Wie scharf?
  - Hat das Bild / der Film einen Rahmen?
  - Ist das Ganze farbig oder schwarzweiß?
  - Was hören Sie jetzt?
  - Ist es eher laut oder eher leise, was Sie hören?

- Kommen die Geräusche / Stimmen von allen Seiten?
- Was fühlen Sie jetzt?
- Wo genau in Ihrem Körper spüren Sie das Gefühl?
- Wandert das Gefühl in Ihrem Körper?
- Ist das Gefühl intensiv?

♦ Gehen Sie an die Stelle Ihrer Erinnerung, an der Sie das positive Gefühl besonders intensiv erleben. Ankern Sie die Erfahrung: Drücken Sie dazu mit Daumen und Zeigefinger der rechten Hand Ihr linkes Handgelenk.

♦ Verfahren Sie ebenso mit den Situationen in Ihrem Leben, in denen Sie besondere Ausdauer, Flexibilität und Entschlossenheit gezeigt haben. Ankern Sie auch diese Erfahrungen an derselben Stelle wie die erste.

♦ Visualisieren Sie Ihre jetzige Situation, in der Sie an Ihrem Ziel arbeiten. Drücken Sie dann Ihr linkes Handgelenk und erleben Sie, wie alle Ihre positiven Energien Ihnen gleichzeitig zur Verfügung stehen.

Und hier die zweite Übung zum Finden und Aktivieren von Ressourcen:

Übung

♦ Entspannen Sie sich; schließen Sie die Augen und atmen sie bewusst tief ein und langsam durch den Mund wieder aus.

♦ Erinnern Sie eine Situation in Ihrem Leben, in der Sie die Fähigkeit besaßen, die Sie jetzt brauchen, um die anstehenden Aufgaben besser zu bewältigen.

♦ Gehen Sie in Ihrer Erinnerung tief in die Situation hinein; erleben Sie alles so, als ob es jetzt geschähe. Beantworten Sie im Geiste folgende Fragen:
  - Was sehen Sie jetzt?
  - Ist es ein Film oder ein Bild?

- Ist es eher hell oder eher dunkel, was Sie sehen?
- Wie scharf?
- Hat das Bild / der Film einen Rahmen?
- Ist das Ganze farbig oder schwarzweiß?
- Was hören Sie jetzt?
- Ist es eher laut oder eher leise, was Sie hören?
- Kommen die Geräusche / Stimmen von allen Seiten?
- Was fühlen Sie jetzt?
- Wo genau in Ihrem Körper spüren Sie das Gefühl?
- Wandert das Gefühl in Ihrem Körper?
- Ist das Gefühl intensiv?

♦ Stellen Sie sich jetzt vor, vor Ihnen liegt auf dem Boden ein runder, flauschiger Teppich. Atmen Sie tief ein, während Sie in Ihrer Vorstellung sich auf den Teppich stellen. Genießen Sie die Situation für einen Augenblick, gehen Sie dann wieder einen Schritt zurück, so dass Sie wieder vor dem Teppich stehen. Wiederholen Sie den Vorgang mehrmals.

♦ Beenden Sie die Übung. Kommen Sie in das Hier und Jetzt zurück.

⇨ **Hinweis:**
Sie können die positive Erfahrung jederzeit abrufen: Schließen Sie dazu für einen Augenblick die Augen und atmen Sie dann tief ein.

Die nächste Übung hilft, Ihnen zu prüfen, ob und wie weit Sie das angestrebte Ziel erreicht haben.

Übung

♦ Nehmen Sie an, Sie haben Ihr Ziel erreicht. Fangen Sie jetzt an zu klären, ob Ihr Ergebnis Ihren Zielvorstellungen entspricht. Bewerten Sie in Bezug auf das Ergebnis die folgenden Aspekte:

- Wie schätzen Sie die Qualität des Ergebnisses ein?

sehr niedrig *durchschnittlich* *sehr hoch*

-5	-4	-3	-2	-1	0	+1	+2	+3	+4	+5

- Sie schätzen die Qualität niedrig ein: Was würden Sie statt dessen erwarten?

- Was bedeutet das für Ihr zukünftiges Zeit-Management?

- Wie angemessen erscheint Ihnen im Rückblick der zeitliche Aufwand im Vergleich zur Qualität des Ergebnisses?

nicht angemessen *zum Teil angemessen* *sehr angemessen*

-5	-4	-3	-2	-1	0	+1	+2	+3	+4	+5

- Sie halten den zeitlichen Aufwand für unangemessen: Welchen Zeitaufwand halten Sie für gerechtfertigt und warum?

- Was bedeutet das für Ihr zukünftiges Zeit-Management?

- Wie angemessen erscheint Ihnen im Rückblick der Einsatz der Ressourcen?

nicht angemessen *zum Teil angemessen* *sehr angemessen*

-5	-4	-3	-2	-1	0	+1	+2	+3	+4	+5

- Sie halten den Einsatz der Ressourcen für nicht effektiv: Wie hätten Sie Ihre Ressourcen besser nutzen können?

- Was bedeutet das für Ihr zukünftiges Zeit-Management?

- Wie zufrieden sind Sie mit dem Gesamtergebnis?

nicht zufrieden *zum Teil zufrieden* *sehr zufrieden*

-5	-4	-3	-2	-1	0	+1	+2	+3	+4	+5

- Sie sind mit dem Gesamtergebnis nicht zufrieden: Welche Gründe gibt es dafür?

- Was bedeutet das für Ihr zukünftiges Zeit-Management?

- Wie angemessen erscheint Ihnen im Rückblick die Zerlegung der Gesamtaufgabe in Teilaspekte?

nicht angemessen *zum Teil angemessen* *sehr angemessen*

-5	-4	-3	-2	-1	0	+1	+2	+3	+4	+5

- Sie finden die Zerlegung in Teilaspekte nicht zufriedenstellend: Welche Gründe liegen dafür vor?

- Was bedeutet das für Ihr zukünftiges Zeit-Management?

- Wie angemessen erscheint Ihnen im Rückblick die Art, wie Sie während des Prozesses die Prioritäten gesetzt haben?

nicht angemessen *zum Teil angemessen* *sehr angemessen*

-5	-4	-3	-2	-1	0	+1	+2	+3	+4	+5

- Sie haben die Prioritäten nicht angemessen gesetzt: Was hat Sie daran gehindert?

- Was bedeutet das für Ihr zukünftiges Zeit-Management?

- Wie sinnvoll erscheint Ihnen im Rückblick das Ziel, das Sie jetzt erreicht haben?

nicht sinnvoll *zum Teil sinnvoll* *sehr sinnvoll*

-5	-4	-3	-2	-1	0	+1	+2	+3	+4	+5

- Sie halten das Ziel jetzt nicht mehr für sinnvoll: Wodurch hat sich Ihre Einstellung in Bezug auf das Ziel geändert?

Raum für Notizen

4.

Literatur-Verzeichnis

Becker, U. (1997): Von der Störung zur Botschaft. Konflikte im Unterricht mit „minimalen Einstellungsänderungen" beantworten. In: Pädagogik. 10. 25-29

Dittrich, H. (1997): Die Zeit besser nutzen. Erfolg und Lebensqualität durch Zeitmanagement. Planegg

Engl, J. / Thurmaier (1994): Wie redest du mit mir? Fehler und Möglichkeiten der Paarkommunikation. Freiburg

Feyler, G. (1982): 140 Checklisten und wie man mit ihnen analysiert, optimiert und kontrolliert. München

Geffroy, E. K. / Seiwert, L. J. (1993): Zeitmanagement für Verkäufer. Mehr Zeit für Verkaufserfolge. Die 1-Seiten-Methoden. 2. Aufl. Landsberg

Gordon, T. (1980): Familien-Konferenz. Die Lösung von Konflikten zwischen Eltern und Kind. Reinbek

Gordon, T. (1981): Lehrer-Schüler-Konferenz. Wie man Konflikte in der Schule löst. Reinbek

Gordon, T. (1989): Managerkonferenz. Effektives Führungstraining. München

Gordon, T. (1993): Die neue Familienkonferenz. Kinder erziehen ohne zu strafen. Hamburg

Graichen, W. u. a. (1992): Ganzheitliches Zeitmanagement. Mehr Lebens- und Arbeitsfreude. Ein persönliches Trainingsprogramm. 2. Aufl. München

Gudjons, H. (1997): Konflikte in der Schule. In: Pädagogik. 10. 6-7

Heller, K. / Nickel, H. (1978): Psychologie in der Erziehungswissenschaft. Ein Studienprogramm. Band 2: Verhalten im sozialen Kontext. 2. Aufl. Stuttgart

Jäger, J. (1993): Lebens- und Arbeitsplanung. Selbstmanagement für junge Leute. Darmstadt

Jasper, W. (1997): Klassenlehrer – Konfliktbewältiger. In: Pädagogik. 10. 23-24

Kitzmann, A. (1994): Persönliche Arbeitstechniken und Zeitmanagement. 2. Aufl. Renningen / Malmsheim

Kliebisch, U. (1996a): Nützliche Lügen produzieren! NLP für jeden Tag. Ein Trainings-Handbuch. Baltmannsweiler

Kliebisch, U. (1996b): Psycho-Coaching. NLP und andere Power-Programme für Ihre Zukunft! Ein Trainings-Handbuch. Baltmannsweiler

Kliebisch, U. (1997): Die Tricks für bessere Gespräche mit Schülerinnen und Schülern. (Materialien für die Schulpraxis) Hamm

Kliebisch, U. / Basten, K. H. (1998): Glauben Sie, was Sie wollen. NLP für Lehrerinnen und Lehrer. Baltmannsweiler

Kliebisch, U. / Schmitz, P. (1998): Workshop Schule. Moderation und Kooperation. Informationen, Übungsanleitungen, Kopiervorlagen. Baltmannsweiler

Kliebisch, U. / Weyer, D. (1995): Wenn die Seele schlapp macht. Neurolinguistisches Programmieren für die Schule. (Materialien für die Schulpraxis) Hamm

Kliebisch, U. / Weyer, D. (1996): Mental Managing für die Schule. Psychologische Beratung für Lehrer und Schüler. (Materialien für die Schulpraxis) Hamm

Knight / Wegenstein AG (1973): Die Arbeitszeit der Lehrer in der Bundesrepublik Deutschland. Zürich

Laborde, G. Z. (1992): Kompetenz und Integrität. Die Kommunikationskunst des NLP. 2. Aufl. Paderborn

Linert, C. (1997): Schüler lösen Konflikte ohne Lehrer. In: Pädagogik. 10. 12-15

Meis, A. (1998): Zeit besser einteilen. In: Arbeitsplatz Schule. Jahresheft 1998. Weinheim

Mohl, A. (1994): Auch ohne daß ein Prinz dich küßt. NLP Kommunikationstechniken & Lernstrategien. Wege zum Erfolg. Ein Lernbuch für Frauen. Paderborn

Molcho, S. (1988): Körpersprache als Dialog. Ganzheitliche Kommunikation in Beruf und Alltag. München

Motamedi, S. (1997): Richtig streiten. Konflikte lösen. Zürich

Müller-Klement, K. G. / Seiwert, L. J. (1997): Zeitwirksam arbeiten. Technik, Methodik und Praxis des persönlichen Zeitmanagement. 11. Aufl. Renningen-Malmsheim

Müller-Limmroth, W. (1980): Arbeitszeit - Arbeitsbelastung im Lehrerberuf. Eine arbeitspsychologische Bewertung der Belastung der Pädagogen unter Berücksichtigung der Lehrerarbeitszeit. Frankfurt/M.

Neubauer, W. (1988a): Analyse interpersonaler Konflikte. in: Neubauer, W. F. / Gampe, H. / Knapp, R.: Konflikte in der Schule. Möglichkeiten und Grenzen kooperativer Entscheidungsfindung. 3., überarb. u. erg. Aufl. Neuwied. 4-25

Neubauer, W. (1988b): Methoden der Gesprächsführung – Ein kritischer Überblick. in: In: Neubauer, W. F. / Gampe, H. / Knapp, R.: Konflikte in der Schule. Möglichkeiten und Grenzen kooperativer Entscheidungsfindung. 3., überarb. u. erg. Aufl. Neuwied. 26-30

Neubauer, W. (1988c): Ein Prozeßmodell der kooperativen Entscheidungsfindung. in: Neubauer, W. F. / Gampe, H. / Knapp, R.: Konflikte in der Schule. Möglichkeiten und Grenzen kooperativer Entscheidungsfindung. 3., überarb. u. erg. Aufl. Neuwied. 31-68

Nuber, U. (1998): Gut, daß wir nicht darüber geredet haben! In: Psychologie heute. 1. 22-27

Ochsner, M. (1994): Persönliche Arbeitstechnik. Zeit- und Selbstmanagement als Weg zum bewussteren, produktiveren Leben und Arbeiten. 2. Aufl. Gießen

Pacher, W. (1988): So macht Zusammenleben Freude. Spielregeln und Übungen nach Gordons Familienkonferenz. Freiburg

Pfender, U. (1995): Konflikte sind Leben. In: Pädagogik. 7/8. 75-79

Redeker, S. (1993): Belastungserleben im LehrerInnenberuf. Eine Untersuchung der Arbeitserfahrungen von LehrerInnen der Sekundarstufe II. Frankfurt/M.

Redlich, A. (1997): Konfliktmoderation in Gruppen. In: Pädagogik. 10. 8-11

Richardson, J. (1992): Erfolgreich kommunizieren. Eine praktische Einführung in die Arbeitsweise von NLP. München

Rogers, C. R. (1952): Communication: It's blocking and facilitation. in: Havard Bus. Rev. 30. 46ff.

Roth, W. / Seiwert, L. J. / Wagner, H. (Hrsg.) (1994): Zeitmanagement-Methoden auf dem Prüfstand. Management mit Zeitplanbuch, PC und PDA. 3. Aufl. Offenbach

Rückerl, T. (1994): NLP in Stichworten. Ein Überblick für Einsteiger und Fortgeschrittene. Paderborn

Sander, B. (1997): Konflikte lösen – aber wie? In: PU. 4. 32-48

Sander, B. / Sander, U. (1997): Schwierige Kinder – Schwierige Lehrer? Neue Wege des Konfliktmanagements im Schulalltag. Darmstadt

Satir, V. (1990): Kommunikation – Selbstwert – Kongruenz. Paderborn

Schmidt, W. (1997): Entwicklung zur Führungspersönlichkeit. Arbeitshefte Führungspsychologie. Bd. 28. Heidelberg

Schottmayer, G. (1997): Ich-Identität, soziale Kompetenz und Konfliktfähigkeit. Theoretische Grundlagen. In: Pädagogik. 10. 30-36

Schubert, B. (1995): „Schlampe ... – und da bin ich dann ausgerastet". Zum Umgang mit alltäglicher Gewalt. In: Pädagogik. 9. 40-47

Seiwert, L. J. (1997a): Das neue 1 x 1 des Zeitmanagement. Zeit im Griff – Erfolg mit Methode. 19. Aufl. Offenbach

Seiwert, L. J. (1997b): Mehr Zeit für das Wesentliche. Besseres Zeitmanagement mit der SEIWERT-Methode. 17. Aufl. Landsberg

Seiwert, L. J. (1997c): Selbstmanagement. Persönlicher Erfolg, Zielbewußtsein, Zukunftsgestaltung. 7. Aufl. Offenbach

Stiebel, D. (1997): When talking makes things worse! Kansas City

Tausch, R. (1998): Jemanden zum Reden haben. In: Psychologie heute. 1. 28-29

Ulsamer, B. (1991): Exzellente Kommunikation mit NLP. Erfolgsfaktoren des Neurolinguistischen Programmierens für Führungskräfte. Speyer

Wassermann, J. (1988): Persönliche Arbeitstechniken. 3. Aufl. Gießen

Watzlawick, P. / Beavin, J. H. / Jackson, D. D. (1990): Menschliche Kommunikation. Formen, Störungen, Paradoxien. 9. Aufl. Bern / Stuttgart / Wien

Psycho-Coaching

Dr. phil. Udo W. Kliebisch

ist Lehrer für Pädagogik, Ev. Religion, Philosophie und Deutsch an einem Gymnasium, er ist psychologisch ausgebildeter Beratungslehrer und Dozent in der Lehrerfortbildung.

Karl Heinz Basten

ist Lehrer für Pädagogik, Sozialwissenschaften und Deutsch an einem Gymnasium, er ist psychologisch ausgebildeter Beratungslehrer, NLP-Master und Lehrbeauftragter an der Universität Bochum

Udo W. Kliebisch und Karl Heinz Basten stehen als Referenten für Lehrertage oder kollegiumsinterne Fortbildungen zur Verfügung.

<u>Themen für Fortbildungsveranstaltungen sind u. a.</u>

- Schulprogramm- und Organisationsentwicklung
- Stressbewältigung im Alltag und im Beruf
- NLP als Hilfe für den (Schul-)Alltag
- Hilfe bei Schul- und Lebensängsten
- Beratungstechniken, Beratungsmethoden
- Kommunikationstraining
- Selbstsicherheitstraining
- Übungen im freien Reden
- Persönlichkeitstraining
- Konflikt-Management
- Lern-, Leistungs- und Motivationsprobleme
- Arbeitstechniken
- Werthaltungen, Wertverluste
- Lernen mit allen Sinnen

Anfragen bitte schriftlich oder telefonisch an:

Dr. Udo W. Kliebisch
Paulstr. 9 B
☎ 0234 / 38 78 78
44803 Bochum

Karl Heinz Basten
Bonhoefferstr. 15
☎ 02302 / 8 55 67
58452 Witten